힐링

내게 잠재되어 있는
　　　참나를 만난다

힐링

신병천 코칭 · 박자은 엮음

스마트인

머리말

    일반적으로 병을 앓다가 건강이 회복된 것을 치유되었다고 한다. 하지만 넓은 의미에서 보면 우울하고 자기 자신에 불만이 많은 사람이 성격적으로 개선된 것 역시 치유되었다고 할 수 있다. 그리고 늘 비판적이고 조화롭지 못한 회사원이 협조적이고 친절한 태도로 변화한 것도 치유된 것이다. 그뿐만 아니라 피곤한 느낌으로 일을 하던 사람이 자신감과 집중력이 강화되면서 생활이 활기차고 긍정적으로 변했다면, 이 또한 치유된 사례라고 볼 수 있다.

    즉 치유라는 것은 개인이든 집단이든 그들에게 작용하는 왜곡된 사회적 통념인 고정관념을 타파하는 것이다. 그리하여 성격장애나 인간관계에서 오는 불편함이나 또 다른 어떤 암울한 현실에서 확실히 벗어날 수 있도록 돕는다.

이때 치유를 돕는 방법은 코치가 내담자와 대화를 하면서 올바른 생각과 좋은 느낌이 서로 교감 되도록 하는 것이다. 대화의 내용은 자기의 생각이 일어나는 근원, 갖가지 감정의 원인과 결과의 법칙, 현실이 변화되는 원리 등이다. 이를 코치가 설명하고 내담자가 깊이 수긍하는 과정에서 생명의 본질에 어긋나는 내담자의 생각과 감정의 흐름이 수정된다. 상식의 오류, 그리고 특정 문화에서 기인하는 편견, 특히 과학의 탈을 쓴 유물론적 가치관 등이 개선되는 것이다.

생각의 흐름이 자기의 삶을 좌우하며 그것이 운명이 된다. 그러므로 사고체계가 생명의 원리에 맞게 바뀐다면 그 인생이 행복하게 변화되는 것은 당연하다고 하겠다.

커뮤니온코칭센터 마스터코치 신병천

추천의 글

근래 수많은 소위 자기계발서들이 시장에 난무하고 있는 현상을 보면, 지금 이 시대 이 사회의 표층 아래에는 불안이라는 거대한 기운이 흐르는 것 같다.

이 책에는 많은 코칭 사례들이 나오기 때문에 얼핏 보면 실생활에서 도움되는 말들로 엮어진, 조금은 가벼운 자기계발서 같은 인상을 받을 수도 있다. 그러나 조금 더 자세히 읽어보면, 이 책에는 수많은 실제 생활 문제들을 꿰뚫는, 심오한 깨달음에 기반을 둔 영적 에너지가 흐르고 있음을 알게 된다.

"변하지 않는 진짜 나는 자기 마음과 생각을 일으키는 근원적인 생명의식, 궁극적인 정신이다."

"자기에게 닥친 문제를 정말 해결하고 싶다면 문제를 해결하려 하지 말고 문제의 근본적 원인을 통찰함으로써 의식의 방향을 전환해야 한다. 치밀하고 예리한 통찰은 곧바로 자기의 어리석은 생각을 혁신시킨다."

"이렇게 하려면 꾸준한 자기수련이 따라야 한다. 생각을 본질로 자꾸 전환하고, 그 순수한 정서를 느끼는 것이 자기수련이다. 수련이 자연스러워지기까지는 하루에 일정한 시간을 확보하여 이미 바뀌어 있는 생각과 느낌에 온전히 몰입하는 것이 중요하다. 본질을 알아갈수록 이기적인 생각이 사라진다. 이것이 자기의 무의식이 정화된다는 것이며, 자기의 무의식이 정화될수록 현실이 탁월해지고 행복해진다."

이러한 구절들은 다양한 우리의 현실 삶에서, 일상의 모습들로 하여금 불안의 먹구름을 제치고, 그 진면목을 드러내게 하는 빛에너지이다.

_이병남(LG인화원 대표이사, 경제학 박사)

이 책의 마스터코치님을 알게 된 것은 수년 전 대한임상태반학회의 학술행사에 강의를 부탁하면서였다. 의사가 환자를 대하기 전에 먼저 의사 자신의 마음부터 다스리는 것이 우선으로 필요하다고 느껴서 강의를 부탁드렸던 것이다.

분노와 적개심, 스트레스, 원한, 걱정, 불안, 근심, 우울 등의 부정적인 감정이 고혈압, 당뇨, 관절염, 아토피, 과민성 대장증후군 및 심지어 암까지 진행되는 임상 현실을 지켜보며 의사로서 환자에게 해줄 수 있는 것이 너무나 적다는 것이 안타까웠다.

이 책은 이러한 문제들에 대해 마음의 관점에서 정확한 진단과 처방을 내려준다. '나의 온전함과 나의 가치'를 근본적으로 생각하게 해 주고, 행복과 기쁨과 건강한 삶을 향한 우리의 목표를 확실하게 찾아갈 수 있는 긍정적인 해결책을 제시해 준다.

병으로 인해 몇 개월밖에 살지 못할 것이란 진단을 받거나, 심각한 질병의 진단을 받고 나서야 비로소 사람들은 진정으로 중요한 삶의 가치가 무엇인지를 깨닫는다. 이 책은 삶의 끝에 도달해서야 찾게 되고 알게 되는 감정의 건강함, 삶을 대하는 긍정성과 희망, 내적 평화, 사랑, 행복 등 지금 당장 우리가 찾아야 하는 가치의 당위성과 실현 방법을 구체적으로 쉽게 설명해 준다.

좋은 의사가 되기 위해, 좋은 엄마, 좋은 딸, 좋은 아내, 좋은 동료가 되기 위해 어떻게 해야 할까를 늘 고민해오던 내게 이 책의 저자는 매우 쉽고도 당차고 강한 메시지를 던진다. '나 자체가 행복이고 기쁨'이면 그들에게 좋은 사람이 되는 것은 저절로 이루어진다는 사실을.

또한 우리의 본질은 기쁘고 평화롭고 사랑을 베풀고 감사하며 생명력 넘치는 순수 그 자체이고, 상대방도 마찬가지라는 것을 깊이 통찰하게 해 주며 인생에서 맞이하는 수많은 문제가 더는 문제가 아님을 깨닫게 해 준다.

독자들은 따뜻한 공감과 현장감 있는 사례를 통해 강조되는 힐링원칙을 하나씩 읽어가며 온몸에 흐르는 잔잔한 전율을 느끼고, 저절로 가슴에 새겨지는 다짐을 뿌듯하게 받아들이게 될 것이다.

"불편한 감정을 없애려고 노력하지 말고, 또한 남이 나를 알아주기를 바라지 마라. 자기 본질적인 성분을 이해하고 느끼게 되면 원하지 않는 감정은 어느새 없어져 버린다."는 저자의 메시지를 통해 나의 본질을 깨닫고 느끼면서 행복해하는 독자들을 상상해 본다.

_권오숙(고려대 의대 외래교수, 수와은 포톤 통합의학센터 원장)

'힐링'이라는 말이 우리 사회에 유행하고 있다. 이는 경제적 삶은 과거에 비해 풍요로워졌지만, 개인 또는 조직 생활에서 치료하고 싶을 만큼 복잡하게 얽힌 문제가 많아졌다는 것을 의미한다. 이 책은 저자가 직접 체험하고 상담한 실제 사례를 통하여 왜 그러한 문제들이 발생하는지, 어떻게 타개할 수 있는지를 명쾌하게 집어준다. 멋진 빌딩을 지으려면 기초공사를 튼튼히 해야 하듯, 자신의 인생에 참다운 행복의 집을 짓고 싶다면 바로 이 책이 제공하는 힐링원칙을 적용해 보라. 험난한 인생의 폭풍과 눈보라가 닥쳐오더라도 결코 흔들리지 않는 행복의 집을 마련할 수 있을 것이다.

_김종훈(한미글로벌㈜ 회장)

이 책은 일과 대인관계에서의 겪고 있는 현대인들의 스트레스를 관념적인 지식이 아니라 코칭을 통해서 시원히 풀어주는 실용적인 책이다. 현실의 문제에 대하여 자기의 의식을 뛰어넘는 수준의 해결방식을 제시하면서도 독자의 공감을 이끌어 내는 데에 다른 책들과의 차별성이 있다. 또한, 잊고 있었던 인간의 내면 에너지를 촉발시켜주는 점 또한 독자를 끌어들이는 매력이다. 학자의 수준을 넘는 지혜가 독자들의 문제를 말끔히 해결해 주리라 기대한다.

_이기상(세종대학교 경제통상학과 교수, 경제학 박사)

'힐링'은 변화하고 싶은 사람, 더욱 행복해지고 싶은 사람에게 반드시 필요한 책이다. 대중적이고 상식적인 사고방식에 찌든 마음으로 대충 읽어서는 바로 이해하기 어려울 수 있다. 선입견을 되도록 버리고 몰입해서 읽으면 메시지가 이해하고 마음이 지극히 편안해진다. 정말로 행복해지고 싶은 사람은 이 책을 읽어라. 보기 드문 탁월한 책이다. 이해하고 실천하는 것을 반복하고 또 반복하면 어느새 무의식적인 생각까지 변화되어 놀란 만한 즐거운 삶이 펼쳐질 것이다.

_윤영화(한국NLP센터 원장, 심리학 박사)

차 례

머리말 ・・・ 4
추천의 글 ・・・ 6
시작하면서 ・・・ 16

힐링원칙 I 치유하려고 애쓰지 마라

Healing 01_ 불면증 치유하기
왜 잠을 자려고 하나? ・・・ 22

Healing 02_ 불임부부를 위한 힐링
아이가 없어도 괜찮다 ・・・ 29

Healing 03_ 화를 진짜로 없애는 법
화를 참거나 다스리려고 하지 마라 ・・・ 39

Healing 04_ 배신감을 치유하는 법
욕하고 원망한다고 상처가 치유되는 것이 아니다 ・・・ 47

Healing 05_ 공황장애 극복하기
원인을 분석하지 마라 ・・・ 54

힐링원칙 Ⅱ

남이 나를 알아주기를 바라지 마라

Healing 06_ 회사에 대한 불만 없애기
자기부터 반성하라 ••• 66

Healing 07_ 인정받고 싶은 욕구 승화시키기
남들도 다 아는 것을 자기 입으로 말하지 마라 ••• 76

Healing 08_ 의사소통 제대로 하기
소통은 기술이 아니다 ••• 84

Healing 09_ 나를 괴롭히는 사람과 친해지기
상대방을 인정해야 나도 인정받는다 ••• 92

Healing 10_ 우울한 가장의 행복한 가정 되찾기
탓하지 마라 ••• 101

곤란과 장애를 보지 말고 본질을 인식하라

힐링원칙 III

Healing 11_ 대인관계 갈등 해소하기
진짜 옳은 것을 알 때 잘못된 것이 버려진다 ···114

Healing 12_ 원치 않는 조직개편에 초연하기
회사는 고마움, 일은 즐거움이다 ···122

Healing 13_ 자녀가 문제를 일으킬 때
자녀의 문제는 진짜가 아니다 ···132

Healing 14_ 미움이 내 삶을 덮쳤다면
본질을 느끼면 미움이 사라진다 ···140

Healing 15_ 직업적으로 몸을 많이 쓰는 사람을 위하여
육체는 내가 아니다 ···150

Healing 16_ 만성피로와 건강염려증 없애기
나의 본질은 궁극적인 정신이다 ···161

힐링원칙 IV

대하는 무엇에라도 감사하라

Healing 17_ 여러 가지 문제 한 방에 해결하기
비판이 감사로 승화되면 문제들이 사라진다 ••• 174

Healing 18_ 워킹맘의 일과 육아를 위한 팁
아이에게 미안해하지 마라 ••• 183

Healing 19_ 혁신은 Top으로부터
업무 성과는 사장의 믿음에 따라 나타난다 ••• 192

Healing 20_ 최악의 고과평가 받아들이기
나에게 닥친 모든 일은 나를 발전시켜 준다 ••• 200

Healing 21_ 스트레스와 압박감으로부터 해방되기
미리 감사하면 이루어진다 ••• 207

힐링원칙 V 계산하지 말고, 먼저 남에게
이익이 되도록 하라

Healing 22_ 싸운 후에 화해하는 법
진심으로 순수하게 사과하라 • • • 220

Healing 23_ 노력해도 사이가 좋아지지 않는다면
대인관계에서 자기 행동의 이득을 따지지 마라 • • • 227

Healing 24_ 지속적인 동기부여
대표부터 솔선수범하여 즐겁게 일하라 • • • 236

Healing 25_ 잠재능력 키워주기
여건만 조성해주면 된다 • • • 244

Healing 26_ 부부 싸움 그만하기
자기 이익을 고수하면 충돌이 일어난다 • • • 251

마치면서 • • • 264

시작하면서

대한민국에 코칭이 도입되기도 전에 나는 미국에서 개인 코칭을 받았다. 미국인 코치가 아니라, 이 책의 저자인 신병천 마스터코치님께 말이다. 우리나라가 IMF 구제금융을 받고 있었던 1990년대 후반 나는 미국 워싱턴DC에 있는 American University 대학원에서 정치학 석사과정을 공부하고 있었다. 유학생활에서 오는 여러 가지 힘겨운 도전들을 이겨내고 있을 무렵 갑자기 몰아닥친 우리나라의 금융위기는 나에게 엄청난 경제적, 심리적 위축을 가져왔다. 환율이 두 배 이상 오르니 기본생활을 유지하기도 어려웠고, 무엇보다 태평양을 건너며 다짐했던 야심 찬 비전이 흔들리는 느낌마저 들었다. 값이 싸다는 이유 하나로 이사 갔던 아파트에서는 권총강도를 만나 목숨을 잃을 뻔도 했다.

이런 역경 속에서도 마스터코치님의 코칭을 통해 모든 것을 지혜롭게 용기 있게 해결할 수 있었다. 이것은 내 인생 최고의 행운이었다. 코칭 이후 나는 삶을 대하는 자세와 목표가 달라졌다. 성공이란 밖에 보이는 무엇을 성취하는 것이 아니라, 궁극적인 행복을 발견하는 것이라는 자각을 했기 때문이다. 보이는 대상을 성취했을 때 느끼는 행복은 지극히 짧고 조건적이다. 시간이 지나고 환경이 바뀌면 성취는 오히려 고통이 된다. 연애 시절에는 '너 없으면 못산다'며 결혼을 해도 얼마 가지 않아 '너 때문에 못살겠다'며 상처투성이로 이혼한다. 목표한 돈은 모았는데 계속 모으다 보니 여유로움보다는 안달이 더 난다. 이처럼 어떤 대상을 성취하려는 욕망의 실현은 궁극적 해결책이 아니다. 그렇기 때문에 심지어 깨달음을 얻기 위해 수도하는 사람들도 깨달음을 성취하려는 집착이 사라져야 진정으로 깨닫게 된다고 하지 않던가.

당면했던 커다란 문제들을 코칭으로 해결한 후부터 마스터코치님을 멘토이자 스승으로 모시게 되었다. 지속적인 가르침을 통해 내가 찾던 궁극적 행복은 바로 내 마음 안에 있음을 체험적으로 깨닫게 되었다. 마스터코치님을 대하고 있으면 복잡했던 생각이나 걱정이 저절로 사라진다. 은근히 즐거우면서도 아늑하고 행복한 느낌이 왕성해진다. 참 묘한 기분이었다. 세계적으로 유명한 로버트 딜츠 같은 멘탈 트레이너들을 직접 만나 3주 이상의 프로그램을 함께했을 때에도 이런 느낌은 들지 않았다. 나중에 안 사실이지만, 이렇게 강력하고 고도화된 정신적 감화는 높은 의식을 터득한 분들의 특성이었다. 내면의 궁극적 행복과 자유를 실현한 높은 의식과의 교감, 이것을 영어로 커뮤니온(communion)이라고 한다.

'힐링'은 커뮤니온코칭센터의 고유한 정체성을 표방하며 공식적으로 출간되는 첫 번째 도서이다. 행복한 삶의 궁극적 원리를 현실생활에 적절히 적용하여 윤택하고 건강한 삶을 실현하는 데 도움이 되고자 기획되었다. 여기에는 10여 년간 마스터코치께서 코칭하신 생생한 사례들 중의 일부가 풍성하고 알차게 들어 있다. 이 내용은 기업교육 전문기관인 삼성SDS멀티캠퍼스의 HR전문 웹진 'HRDream'에 '신병천의 행복한 코칭'이라는 타이틀로 2009년 7월부터 2011년 12월까지 총 30회에 걸쳐 연재된 것이다. 이를 바탕으로 행복의 궁극적 원리를 더욱 쉽게 실생활에 적용할 수 있도록 '힐링 5원칙'을 중심으로 주제를 재구성하였다. 그리고 각 사례에 등장하는 내담자의 변화 과정도 구체적으로 정리하여 실었다.

이 책의 밑바탕에 전제되어 있는 핵심은 '영성(Spirituality)'이다. 본문의 코칭 사례에서 자신의 '본질' 또는 '깊은 의식'이라고 표현한 것이 바로 이 '영성'을 가리킨다. 얼핏 나열된 주제들만 보면 일반 자기계발 서적과 별반 다를 것이 없어 보인다. 그리고 스스로 변화되지 않고 자기의 느낌과 생각만을 현실이라고 믿는 이들에게는 글의 내용이 어려울 수 있다. 그러나 진실하고 실제적인 변화에 목말랐거나 예리한 직관이 번뜩이는 독자라면 이 책의 내공을 금방 알아차릴 수 있을 것이다.

영성이란 말은 더는 종교적인 의미로만 쓰이는 단어가 아니다. 철학을 비롯한 인문학, 심리학, 심지어 인재개발을 위한 교육, 훈련 분야에서도 흔히 사용하는 용어가 되었다. 영성은 고정관념이나 편견으로 오염되지 않은 순수한 마음이며, 억압된 정서가 사라진 경쾌하고 생명력이 넘치는 즐거운 느낌이다. 영성은 높은 의식이기 때문에 낮은 단계의 감각적 의식을 고양이가 쥐를 가지고 놀듯 마음껏 가지고 논다. 바로 이 점 때문에 깊이 생각하지 않으면 고양이한테 당하고 있는 쥐 같은 심정으로 혼란이 발생한다. 선문답 같은 논리적인 비약이 느껴지기도 하고 보이는 현실과는 상반된 역설(逆說)로 여겨질 수도 있다. 하지만 이런 상황을 만나는 것은 오히려 반가운 일이다. 진실을 바탕으로 한 논리적 비약과 역설은 제한된 상식과 어리석은 생각들을 뒤집어버리는 힘을 갖기 때문이다. 이럴 때 힐링이 나타난다. 불면증 환자에게 "왜 자려고 합니까?"라고 물었을 때 20년 된 불면증이 치유된 힐링원칙 I의 사례가 대표적이라 할 수 있다.

영성을 바탕으로 쓰인 책이기 때문에 읽을수록 맛이 나고 싱싱한 느낌이 동반되며 지혜가 생길 것이다. 바둑을 잘 두려면 정석을 잊어버릴 정도가 되어야 한다는 바둑 격언이 있다. 이처럼 생활 속에서 힐링 효과가 나타나기 위해서는 힐링원칙이 생활화되어야 한다. 힐링원칙이 무의식에 완전히 수용되게 하는 방법은 이 책을 반복해서 자주 읽는 것이다. 열정이 있는 독자라면 충분한 반복을 통해 힐링 5원칙을 내재화화여 실생활에 적용할 수 있을 것이다.

 이 책이 나오기까지 도움을 주신 모든 분에게 감사드리며, 풍요롭고 건강한 삶을 원하는 독자들은 이 책을 천천히 음미하며 치유의 원리를 응용함으로써 자신의 목표가 분명히 실현되기를 진심으로 바란다.

커뮤니온코칭센터 대표 김한수

· 힐링원칙 I ·

치유하려고 애쓰지 마라

불면증 치유하기

왜 **잠**을 **자려고** 하나?

    40대 초반의 민정훈 씨에게는 한 가지 소원이 있었다. 그 소원은 바로 네 시간 만이라도 깊이 잠들어 보는 것이었다. 직장생활 13년 차인 그는 불면증으로 고생한 지 벌써 20년째였다. 군대를 다녀온 이후에 시작된 불면증은 직장을 가지고 두 아이의 아버지가 되어도 나아지지 않았다. 주위 사람들은 돈 많은 사람을 부러워하지만, 자신은 돈이 많든 적든 잠을 잘 자는 사람만큼 부러운 사람이 없다고 했다.

🍃 수면제로도 치유하지 못한 불면증

그는 깊이 잠들지 못하는 이유가 상처받기 쉬운 자신의 성격 때문인 것 같다고 말했다. 누워서 한참을 뒤척이다가 새벽녘이 되어서야 간

신히 잠을 청해도 불현듯 과거에 겪었던 일이 생각난다는 것이다. 어릴 적 형에게 크게 맞았던 일, 군대에서 구타당했던 일, 상사와 마찰을 빚었던 일 등이 떠올라 자꾸 잠에서 깨어나곤 했다. 다시 잠을 자야겠다는 생각에 억지로 눈을 감아 보지만, 상처받은 기억들이 계속 떠올라 뜬눈으로 밤을 새운 적이 많았다.

 악몽 같은 밤이 지나 아침이 되면 '하루를 또 어떻게 보내지?' 하는 걱정이 앞섰다. 물에 젖은 솜처럼 축 늘어진 몸 때문에 일에도 집중할 수가 없었다. 상황이 이렇다 보니 상사로부터 '차장이나 된 사람이 보고서에 오타가 왜 이렇게 많은가?', '회사 와서 졸면 되겠어?', '자기 관리도 능력이다.'라는 지적을 받기 일쑤였다. 그뿐만 아니라 주위 동료에게 예민하게 굴어서 대인관계도 점점 나빠지고 있고, 집에서도 아내나 아이들에게 신경질을 자주 낸다고 털어 놓았다.

 "더 이상은 이렇게 못 살겠다 싶어서 그동안 이런저런 노력을 많이 해봤습니다. 음식도 가려 먹고, 운동도 해 보고, 수면에 좋다는 베개나 향초도 써 봤어요. 심리적인 문제가 있나 싶어서 정서상담도 받아 봤죠. 그런데 저한테는 효과가 없었어요. 그러다가 마지막으로 수면제 처방을 받아서 약을 먹기 시작했어요. 그런데 점점 더 많이 먹지 않으면 효력이 떨어지더라고요. 또 약을 먹고 잠을 자더라도 깨고 나면 몽롱하고 뭘 자꾸 까먹는 거예요. 약에 의존해서 살기는 싫고……. 그래서 아예 약을 끊었어요. 다 포기했었죠."

이제 내가 답을 해 줄 차례였다.

🍃 '자야 한다'는 고정관념 깨뜨리기

나는 그에게 한 가지 질문을 던졌다.

"왜 잠을 자려고 합니까? 안 오는 잠을 자려고 왜 애를 쓰냐는 말입니다."

그는 예상치 못한 질문에 당황스러워했다. 불면증으로 고생하고 있는 자신에게 '왜 자려고 하느냐?'라고 물을 줄은 상상도 하지 못했던 것이다. 잠시 머뭇거리던 그는 적어도 6~7시간은 잠을 자야 체력이 회복되고 일을 할 수 있는 거 아니냐고 대답했다.

불면증을 치유하는 핵심이 바로 여기에 있다. **'적어도 몇 시간은 자야 한다'는 고정관념을 깨뜨리는 것.** 이것이 불면의 날들에서 해방되는 열쇠다.

대부분의 사람에게는 자기가 규정해 놓은 충분한 수면시간이 있고, 그 시간을 채우지 못하면 피곤하다고 생각한다. 그리고 그 피곤을 사라지게 하려고 하루 중에 틈을 내어 부족한 잠을 자려고 노력한다. 가령 7~8시간은 자야 한다고 믿고 있는 사람이 1~2시간 덜 자면 다음 날 피곤함을 느끼고, 점심시간이나 쉬는 시간에 자기도 모르게 모자랐던 잠을 보충하려고 애를 쓰는 것이다.

불면증으로 고생하는 사람에게 이런 고정관념은 더욱 강박적으로 작용한다. 6시간은 자야 한다고 믿고 있는 정훈 씨 역시 자기도 모르게 '오늘도 못 잤어. 잠이 부족해……'라는 생각을 반복적으로 하고 있었다. 잠이 부족하다는 생각이 습관화된 것이었다. 문제는 이런 생각이 자신의 무의식에 '나는 잠을 못 자고 있다'는 생각을 스며들게 한다는 것이다. '자야 되는데'라고 생각하고 있지만, 무의식은 '자지 못하고 있다'는 생각을 받아들인다. 이 생각이 무의식에 신념처럼 짙게 새겨지면 아무리 자려고 애를 써도 잠을 자지 못한다.

안타깝게도 불면증에 시달리는 많은 사람들은 이러한 무의식적 작용을 인식하지 못한다. 그래서 현실 속에서 나타난 결과를 고치는 데 집중한다. 정훈 씨처럼 음식을 가려 먹거나, 수면제를 먹거나, 운동을 하거나, 숙면을 돕는 물품을 사는 등 육체적 활동과 외부적인 도구에 의존하는 것이다.

물론 그 이외에도 불면증 치유를 돕는 방법은 매우 다양하며, 어떤 방법이라도 그것의 효력을 정말로 믿는다면 효과를 볼 수도 있다. 그렇지만 사실상 많은 사람들이 시간과 노력과 비용을 투입해도 여전히 불면증에 시달리고 있다. 고치려고 애쓰고 노력할수록 '자야 해. 낫게 해야 해.'라는 압박감이 깊어지고, 그것이 불면을 지속시키는 것이다. 특히 수면제를 통한 약물치료는 불면증보다 더 심각한 문제를 불러일으키기도 한다.[1]

나는 그가 '자야 한다'는 고정관념을 깨뜨리고 '잠을 자지 않아도 괜찮다'는 생각을 자연스럽게 하도록 설명을 했다. 나폴레옹은 하루에 4시간씩 자면서 혁명을 이끌었고, 레오나르도 다빈치는 하루에 1시간 30분만 잤다고 한다. 고(故) 정주영 회장도 4시간만 자면서 현대그룹을 키웠고, 빌 게이츠와 스티브 잡스 역시 하루에 3~4시간만 자면서 세계적인 기업을 만들었다. 인도의 한 성자는 평생토록 잠을 안 자고도 건강하게 살았다. 수면시간이 컨디션을 좌우하는 것이 아니라 **수면시간에 대한 자기의 믿음이 신체상태를 좌우하는 것이다.**

과학적으로도 인간에게 필요한 절대적인 수면시간이 몇 시간이라고 검증된 바가 없다. 통상적으로 6~8시간이 적합한 수면시간이라고 알고 있지만, 5시간~6시간 30분만 자는 게 좋다고 보고한 학자도 있다. 또 7시간이 적당하다는 학자와 10시간은 자야 한다고 주장한 학자도 있다. 연구자의 생각과 연구 대상과 실험 조건 등에 따라 그 결과는

---

1. 2012년 2월 미국의 온라인 의학저널인 'BMJ Open'에 게재된 미국 캘리포니아 스크립스 가족수면센터의 연구 결과에 따르면, 1년 동안 수면제를 18~132알을 복용한 사람은 수면제를 먹지 않는 사람보다 사망확률이 4.6배 높아진다고 한다. 18알 이하로 복용한 사람의 사망확률도 전혀 복용하지 않은 사람에 비해 3.5배 이상 높다는 결과가 나왔다고 한다. 〈Hypnotics' association with mortality or cancer: a matched cohort study, Kripke DF, Langer RD, Kline LE, BMJ Open 2012;2:e000850.〉
SBS '그것이 알고 싶다'는 최근 몇 년간 자살한 연예인들의 공통점을 분석하여 수면제 장기 복용의 심각한 문제를 제기하였다. 방송 중에 나온 여러 명의 수면제 장기 복용자들은 인터뷰에서 수면제를 먹으면 의식하지 못한 상태에서 이상행동을 한다고 말하며, 끊고 싶지만 중독되어 쉽지가 않다고 했다. 이 프로그램은 수면제를 장기 복용하면 무의식 상태에서 스스로 목숨을 끊을 수도 있다며 수면제 부작용·중독·오남용의 위험성을 경고하였다. 〈SBS '그것이 알고 싶다' 제779회 [연예인 자살, 누구도 말하지 못한 이야기]편 2010. 11. 20.〉

얼마든지 달라질 수 있다. 우리가 지금까지 믿어온 수면시간에 대한 상식은 변하지 않는 진리가 아니라 얼마든지 변할 수 있는 것이다.

잠을 안 자도 자기 일에 집중하고 능력을 발휘할 수 있다. 어떤 사람은 잠자는 시간이 아까워 최소한으로 자면서 그 시간을 활용해 자기 능력을 키운다. 잠이 안 오는 시간을 활용하면 일 때문에 하지 못했던 여러 가지를 할 수 있다. 보고 싶었던 책도 볼 수 있고, 미뤄두었던 외국어 공부도 할 수 있다. 사색에 빠질 수도 있고, 조용한 새벽에 집중해서 글을 쓸 수도 있다. 잠을 적게 자도 정말 괜찮다. 굳이 오지 않는 잠을 자려고 애쓸 필요가 없다.

처음에는 내 질문을 의아해하던 정훈 씨가 내 설명을 모두 듣고 난 후 고개를 끄덕였다. 굳이 잠을 자려고 애쓰지 않아도 된다는 말에 위안을 얻은 것처럼 보였고, 실제로 안도감을 느끼면서 집으로 돌아갔다. 그리고 며칠 뒤 정훈 씨와 통화를 한 직원이 그의 말을 전했다. 이곳에 다녀간 이후 정말 편안하고 깊은 잠을 잤다는 소식이었다. '자야 한다'는 강박관념이 '안 자도 괜찮아'라는 생각으로 전환되자 오히려 잠을 잘 수 있게 된 것이다.

'서너 시간만 자도 괜찮아.', '잠을 안 자도 괜찮아.'라는 생각이 정말로 무의식에까지 새겨졌다면 잠을 못 잤다고 해서 정신이 맑지 않거나 피곤한 느낌이 생길 리가 없다. 커피나 라면 같은 것도 건강에 해롭지 않다는 것을 정말로 믿을 수 있다면 때문에 내 몸이 불편해지지 않는다. 나의 근원적 생명력이 내 마음에 새겨진 생각을 현실로 이루어 주기 때문이다.

  치밀하고 명료하게 생각을 하면 자기의 판단이 옳다는 것을 믿을 수 있다. 치밀하지도 명료하지도 않은 엉성한 생각은 자기를 육체적인 존재로만 여기게 한다. 그러면 육체가 피곤하다고 느낄 뿐만 아니라 평범한 사람들의 나약한 생각에 본인도 모르게 동조하게 된다. 일반인들의 상식이나 대중적 지식에 나의 육체가 따라가는 것이다.
  사회적 통념에 의존해서는 건강한 삶을 살 수 없다. 하지만 본인의 육체는 자신의 신념에 따라 얼마든지 조절할 수 있다는 것을 분명히 알아야 한다.

불임부부를 위한 힐링

아이가 없어도 괜찮다

최근 TV나 신문에서 심심찮게 볼 수 있는 뉴스가 '불임'에 관한 것이다. 한국보건사회연구원의 보고서를 보면, 2003년 표본조사자료를 토대로 추정한 2011년 6월 기준 우리나라 기혼부부의 불임 발생률 중 임신 경험이 없는 일차성 불임이 13.5%로, 부부 7쌍 중 1명꼴이었다. 또한 원인불명으로 불임을 겪는 부부가 전체 조사 부부 중 44.5%를 차지하고 있었다.[2]

---

2. '불임치료 여성의 신체적·정신적 및 사회경제적 부담 실태와 요구도', 한국보건사회연구원, 보건·복지 ISSUE&FOCUS 제74호 (2011-06) 발행일 : 2011. 02. 18.

불임부부들은 임신을 위해 큰 비용을 지불한다. 각종 시술치료를 비롯한 한방요법, 운동요법, 비만치료, 기(氣)치료 및 금연치료 등을 시도한다. 경제적 부담이 크지만, 아이를 포기할 수 없기에 밑 빠진 독에 물붓기식이라도 투자할 수밖에 없다. 이에 따른 당사자들의 정신적 고통과 스트레스는 말로 표현하기 어렵다. 불임 기간이 길어질수록 부부간의 갈등이 심각해지고, 나아가 양가 부모님과의 관계가 나빠지기도 한다. 어떻게 하면 원인 없는 불임의 고통으로부터 해방될 수 있을까? 세 가지 코칭 사례를 통해 해결의 실마리를 찾아보자.

🌿 자주 싸우던 결혼 5년 차 부부

한 교육회사 영업팀장으로 일하던 배한영 씨는 결혼 5년 차에 접어들었을 즈음 나를 만났다. 그는 결혼 초기부터 별것 아닌 일로 아내와 언쟁을 벌이곤 했는데, 사소한 다툼이 발전하여 심각한 다툼으로 이어지는 경우가 많았다. 때로는 화가 머리끝까지 난 아내가 배 팀장에게 발길질도 했다.

아내에 대한 그의 불만 중 하나는 아내가 시키는 가사노동이었다. 온종일 열심히 일하고 집에 들어가면 아내는 그에게 청소를 시켰고, 그는 집에 있는 아내가 집안일도 안 하고 남편 부려 먹을 생각만 하는 게 불만이었다. 가끔 남편을 위해서 뭘 하나 사오면 꼭 '나한테는 뭐 해 줄 거야?' 하고 바라는 것도 싫었다.

그렇지만 한편으로는 사랑해서 결혼한 사람인 만큼 잘 살고 싶은 바람도 컸다. 특히 아이가 생기면 둘 사이도 좀 더 좋아질 거라는 희망을 품고 있었다.

그런데 아내가 두 번이나 유산하면서 희망은 점점 멀어져 갔다. 첫 번째 임신을 했을 때는 2개월째에 유산이 되었고, 두 번째 임신했을 때는 뱃속의 아기가 자라지 않아 유산이 되어버린 것이다. 그는 두 사람에게 건강상의 문제가 전혀 없었기 때문에 아내가 몸을 좀 추스르고 나면 아이를 어렵지 않게 가질 수 있으리라 생각했다. 그런데 아무리 노력해도 임신이 되질 않았다.

배 팀장이 나에게 물었다.

"저희 부부한테 왜 아이가 생기지 않을까요? 아내에게 이 문제로 이야기를 꺼내면 아내는 대뜸 '내가 애 낳기 싫어서 안 낳는 줄 알아? 그리고 당신에게 문제가 있을지도 모르잖아'라며 화를 냅니다."

배 팀장의 질문을 잘 살펴보면 겉으로는 생리학적인 문제인 것 같지만, 사실은 부부 관계의 문제가 더 크게 작용하고 있다. 생리학적 문제도 결국은 마음이 관여하는 것이기 때문이다. 그의 아내는 남편의 사랑을 원하고 있다. 그래서 집안일을 돕거나 자기가 해준 것만큼 받는 행위를 통해 남편의 사랑을 확인하고 싶었던 것이다. 배 팀장은 아내가 유난히 화를 잘 내고, 자신을 남편으로 인정하지 않는다고 생각했지만, 아내의 그런 행동에는 남편에 대한 섭섭함과 불만이 작용하고 있었던 것이다.

나는 그에게 이렇게 대답했다.

"그냥 사랑하세요."
"그게 무슨 말씀이십니까? 그냥 사랑하라고요?"
"사랑은 거래 관계가 아니라 무조건적인 거예요. 대가를 바라지 않고 베푸는 것이지요. 아내가 남편에게 무엇을 해 주기를 바라지 말고 아내에게 더 잘해 주세요. 자기의 주장을 줄이고 남편 역할에만 충실하면서 그냥 사랑하세요."

배 팀장은 '그냥 사랑하라'는 말을 실천하는 게 쉽지 않겠지만, 그래도 최대한 노력해 보겠노라고 다짐했다. 이후로 그는 아내의 말에 무조건 수긍하고, 아내가 해달라는 것들은 다 들어주었다. 가끔 속에서 부글부글 끓어오를 때는 담배를 한 대 피면서 마음을 다잡았다. 그러면서 생각했다. 아내를 사랑하는 것이 바로 자신을 사랑하는 것이라고. 나는 배 팀장이 묵묵히 코칭 내용을 실천하는 것을 보며 변화를 기다렸다.

그렇게 6~7개월이 흘렀을 즈음, 배 팀장은 아내에게 놀라운 소식을 들었다. 아내가 임신 9주가 되었다는 것이었다. 워낙 생리가 불규칙하여서 한 달 뛰어넘은 것을 대수롭지 않게 여겼다가 혹시나 하는 생각에 병원에 갔는데, 의사의 말이 아기가 혼자서 다 컸다는 것이었다. 부부가 얼마나 기뻐했을지는 보지 않아도 알 수 있을 것이다.

🌿 장남으로서의 부담감, 결혼 8년 차 부부

7년 전에 경북 구미에 있는 기업에 특강을 하러 간 적이 있다. 교육 담당자는 자기 직원 중에 아이가 없어 고생하고 있는 사람이 있다며 짧게라도 좋으니 코칭을 부탁해 왔다. 그 동료는 회계팀에 근무하고 있던 성찬수 과장이었다. 착하고 성실해 보이는 성 과장이 고민을 털어놓았다.

"저는 집안의 장남입니다. 아래로는 여동생만 두 명 있고요. 그래서 부모님에게 손자를 안겨드려야 하는데, 결혼한 지 8년이 다 되어도 아이가 안 들어섭니다. 검사를 해 봤더니 아내도 저도 문제는 없다고 합니다. 장남이 부모님께 효도도 못하고……. 부모님께서는 저희가 신경을 쓸까 봐 오히려 아기 이야기를 안 하십니다. 그러니까 더 부모님을 뵐 면목이 없습니다."

"성 과장 부부가 결격 사유가 없고, 또 아이를 계획적으로 안 낳으려고 한 것도 아닌데 아이가 안 생긴다면 그건 성 과장 책임이 아닙니다. 불효하는 게 아니에요."

　나는 우선 성 과장의 마음에 있는 부모님에 대한 미안함과 장남으로서 책임을 다하지 못한다는 도덕적인 부담감을 덜어주기 위한 설명을 했다. 그리고 부모님은 애를 낳으려고 애쓰는 아들을 알아주시는 참으로 감사한 분들임을 인식시켰다. 생각의 방향을 바꿔 **부모님께 미안한 것이 아니라 기다려주고 믿어주시는** 것이 감사한 일임을 알게 한 것이다. 성 과장의 마음이 '안 되는 건 할 수 없지. 다른 방법으로 잘해드리자. 내가 할 수 있는 온 힘을 다해서'라는 생각으로 전환되는 것이 느껴졌다. 아이에 대한 조바심이 없어지고 마음이 가벼워진 것이었다. 그로부터 6개월 후에 교육담당자로부터 전화가 왔다. 성 과장이 곧 아빠가 된다는 소식이었다.

🍃 유산만 4번, 결혼 10년 차 부부

충북 영동에 사는 최윤수 씨와 유소희 씨는 결혼 10년 동안 유산만 네 번을 겪은 아픔을 안고 있었다. 남편 최윤수 씨는 유산 이후 건강이 점점 나빠지는 아내의 손을 잡고 군산, 대구, 조치원에 있는 유명한 불임전문 한의원은 다 찾아다녔다. 그런데 전문의들 대부분이 아내의 진맥을 짚어보고는 '상태가 워낙 심각해 어디서부터 손을 써야 할지 모르겠다.', '1년은 두고 치료를 해 보자.'라는 식의 못 미더운 말만 늘어놓았다. 한방으로 되지 않자 큰 대학병원에서 유전자 검사를 받아 보았는데, 아이를 못 가질 이유가 전혀 없다고 했다. 다만 아기가 아기집에서 죽어 버리는 것이 문제이기 때문에 인공수정도 별 의미가 없다고 했다. 남편은 아내를 위해서 건강에 좋다는 온갖 식품을 다 사 먹였지만 별 도움이 되지 않았다. 아내가 말했다.

"두 번을 실패하고 나서는 너무 겁이 났어요. 또 유산이 될까 봐 두렵고, 유산 후에 밀려오는 육체적 고통과 마음의 괴로움을 견딜 자신이 없었어요. 그러던 중에 세 번째, 네 번째도 실패했어요. 이후로 건강이 망가졌어요. 몸에 온갖 염증이 생겨 죽을 만큼 아팠어요. 정말로 이러다 죽는 건가, 그러기에는 너무 억울한데⋯⋯ 왜 나에게 이런 일이 생기는 건지 원망스럽고⋯⋯ 나 때문에 남편도 고통스러운 것 같아 미안하고⋯⋯."

거듭되는 유산으로 아내 유소희 씨의 마음 깊은 곳에는 두려움과 스트레스가 누적되어 있었다. 그런 마음 상태가 다시 유산을 초래하는 원인이 되었던 것인데, 이를 잘 몰랐던 두 사람은 어떻게든 육체적 건강을 회복하고자 많은 돈과 시간과 노력을 쏟아 왔던 것이었다. 결국, 아무런 효과도 보지 못한 채로 말이다. 과묵하던 남편이 조용히 말했다.

"10년 동안 몇 번의 실패를 겪으면서 제일 고생한 건 아내예요. 많이 아프면서도 아프다고 말하지 못하고 감내하는 아내에게 너무나 미안해요. 내가 못나서 아내가 이렇게 고생하나 싶어요. 우리 둘 다 문제가 없는데 왜 이렇게 기다리는 시간이 길어지는 것인지……. 아이 낳고 평범하게 사는 게 이렇게 어려울 줄은 몰랐습니다."

부부는 네 번째 유산 후 시간이 흘러서 경제적으로나 심리적으로 많이 안정을 찾게 되었지만, 아내의 건강이 크게 호전되지 않았기 때문에 사실상 아이를 포기하고 살았다고 했다. 그런데 포기했다는 건 서로 위로하는 말일 뿐이었다. 두 사람 모두 마음 한구석에는 아이에 대한 미련을 버리지 못하고 있었다. 남편은 아내에게 표현하지 못했지만 아이를 간절히 원했다. 아내도 겉으로는 아이가 없어도 괜찮다고 말하면서 속으로는 학부형이 된 친구들을 부러워했다. 더 늦어지면 정말로 안 될지도 모른다는 불안감도 느끼고 있었다.

나는 이들에게 한 가지만 유념시켰다.

"아이가 있었으면 하고 바라지만, 아이가 없어도 행복하게 살 수 있어요. 두 사람이 더 깊이 사랑하고 더 위하면서 사는 것도 큰 행복이에요. 아이 안 낳아도 괜찮아요. 그저 서로 더 아껴주고 챙겨주세요."

그 후 10여 차례 코칭의 과정에서 두 사람이 '아이를 안 낳아도 괜찮아.'라는 생각을 진심으로 할 때까지 여러 사례를 들면서 다양한 각도에서 설명하였다. 그리고 우리 본연의 모습이 육체가 아니라 정신적 존재라는 것을 인지시키며 혈육에 대한 집착이 옅어지도록 했다. 부부는 코칭이 끝난 후 아이 낳는 것을 정말로 포기하였고, 대신 코칭 팔로업 세미나에 꾸준히 참여하며 자기의 본질을 알아가는 즐거움 속에서 생활하기 시작했다. 그러기를 1년, 어느 날 부부로부터 메시지가 왔다. '선생님, 저희 임신했어요.'

🌿 무의식 속의 불안을 제거하자

앞에서 나눈 세 가지 사례 속의 주인공들이 처한 상황과 마음 상태는 모두 달랐다. 그리고 표면적으로는 그들에게 핵심적으로 코칭한 메시지에도 차이가 있었다. 그러나 아주 중요한 공통점이 하나 있다. 그것은 불임에 대해 **무의식 속에 잠재되어 있는 불안을 제거**해주는 것이었다. 다시 말해 불임부부들의 무의식에는 '아이가 안 생기면 안 되는데…….'라는 불안감이 깊게 자리 잡고 있다. 이 불안감이 사라졌을 때 부부의 마음에는 비로소 '아이가 없어도 괜찮아.'라는 안도감, 또는 '정말 아이를 낳을 수 있겠어!'라는 확신이 생긴다.

여기서 중요한 사실이 또 한 가지 있다. '아이가 없어도 괜찮아.'와 '정말 아이를 낳을 수 있겠어!'라는 것이 상반되게 보일 수 있지만, 그 뿌리는 같다는 것이다. 바로 무의식에서부터 올라오는 안정성 있는 편안함이다. 아이가 없어도 남편 또는 아내와 행복하게 잘 살 수 있다는 생각이나 아이를 낳을 수 있겠다는 자신감에는 걱정이나 두려움이나 강박적인 생각이 없다. 다시 말해 '어떻게 되어야 하는데'라는 집착이 사라진 평화로운 상태이다. 이런 마음이 될 때 오히려 원하던 일이 쉽게 이루어진다.

 안 될지도 모른다는 걱정스러운 마음, 되어야 한다는 조급한 마음으로는 노력할수록 더 어려워진다. 자기의 깊은 마음이 불안을 느끼고 있기 때문에 현실에서 불안한 상태가 계속되는 것이다. 그러니 아이를 갖기 바라는 부부들이라면 어떤 노력이나 조치를 취하기 전에 자기 마음을 먼저 돌보아야 한다. 깊은 마음에서부터 편안함을 회복하는 것이 부부와 태어날 아이를 위한 최고의 축복이다.

화를 진짜로 없애는 법

화를 참거나 다스리려고 하지 마라

하루 최소 9시간을 회사에서 보내야 하는 현대인. 잠자는 시간을 빼고 나면 깨어 있는 시간 대부분을 회사에서 보낸다고 해도 과언이 아니다. 그러니 만약 회사 생활이 불편하다면 삶 자체가 불행해질 수 있다.

취업포털 〈사람인〉은 직장인 1,434명을 대상으로 "직장에서 화나는 순간이 얼마나 되는가?"라는 설문조사를 했다(2011. 6. 13). 설문조사 결과에 따르면 직장인 한 명이 하루 평균 3.4회 정도 '화나는 순간'이 있다고 한다. 이들 가운데 63.3%가 '화' 때문에 퇴사나 이직을 고민한 적이 있으며, 질병이 발생한 경우도 21.7%나 되는 것으로 나타났다.

직장인들에게는 왜 그렇게 화가 많은 걸까? 회사 생활을 힘들게 만드는 화를 어떻게 하면 좋을까? 화나는 마음 없이 편안하게 일할 수 있는 근본적인 해결 방법은 없을까? 그것도 아니면 화를 참거나 분출해야 푸는 것 외에는 다른 방법이 없을까?

🌿 억누를 수 없는 '화'

10년 차 직장인 전석현 과장은 요즘 들어 불쑥불쑥 솟구치는 화 때문에 고민이다. 10년 동안 일해 오면서 화가 나도 웬만하면 참고 웃으려고 노력했는데, 과장이 된 후 책임져야 할 업무가 늘어나고, 이해관계에 직접 부딪히면서 화나는 일이 많아졌기 때문이다. 그래도 참으려고 애를 쓰는데, 문제는 화를 억누르고 있을 때 누가 조금이라도 건드리면 한꺼번에 화가 폭발하는 것이었다. 화를 낸 후에는 반드시 후회하지만, 그렇다고 갑자기 터지는 화를 스스로 조절하기는 어렵다고 했다. 이런 일이 잦아지면서 상사로부터 지적을 받는 것은 물론 동료나 부하 직원들까지 자신을 멀리하기 시작했는데, 이런 상황을 알면서도 화가 폭발하는 것을 고치기가 쉽지 않다는 것이었다. 오죽하면 입사 동기로부터 이런 말까지 들었다고 한다.

"이봐, 전 과장. 사람들이 전 과장을 시한폭탄이라고 부르는 거 알아? 언제 폭발할지 모르는 사람이라고 생각해."

상황이 이렇다 보니 인간관계는 계속 삐걱거리고, 일상생활에서도 직접적인 불이익을 당하게 되었다. 하지만 무엇보다 가장 중요한 것은 전 과장 스스로 다시는 화를 내고 싶지 않은데, 조절되지 않아 스트레스를 받는다는 것이었다. 화를 낸 후 밀려오는 막심한 후회로부터 어서 빨리 벗어나고 싶다고 했다.

전 과장에게 질문을 던졌다.
"왜 화가 나는 것 같나요?"

전 과장은 기다렸다는 듯이 하소연을 쏟아냈다.
"뭐, 제 성격 때문이겠죠. 나름대로 조절하려고 애써 봤지만, 회사 상황이나 다른 사람들을 보고 있으면 너무 화가 납니다. 제 잘못이 아닌 일까지 책임져야 하는 경우도 많고, 참다 보니 자기들 편하겠다고 저한테 떠넘기는 일이 한두 개가 아니에요. 요즘 들어 더합니다. 상사는 그런 제 마음도 모르고 질책만 하니 속이 터질 것 같습니다."

화를 내는 사람들 대부분이 전 과장처럼 어떤 상황, 어떤 사람 때문에 화가 난다고 생각한다. 하지만 사실은 외부 환경이나 사람들 때문에 화가 나는 것은 아니다. **화가 나는 이유는 자기 무의식에 조건화된 '화나는 상황'에 대한 규정 때문이다.**

🌿 무의식에 새겨진 '화'에 대한 규정

표면의식보다 깊은 마음인 무의식은 일상적인 의식으로는 잘 파악되지 않는다. 그래서 일단 화가 나면 화가 난 자신의 마음을 통찰하기보다는 '화가 난 상황'과 '화가 난 대상'을 화의 원인이라고 생각하며 자신을 합리화하기 쉽다.

하지만 같은 상황에서 화를 내는 사람도 있고, 그렇지 않은 사람도 있는 것을 보면 '화'라는 감정이 모든 사람에게 보편적으로 일어나는 감정이 아님을 알 수 있다. 화를 내는 것은 완전히 개인적인 것이다. 물론 그것을 '성격 차이'라고 생각하고 가볍게 넘어갈 수도 있지만, 성격 차이도 각 개인의 무의식에 새겨진 규정의 차이에서 비롯된다. 무의식에 각인되어 있는 생각과 느낌이 그 사람의 성격으로 나타나는 것이다.

만약 '화를 내는 게 무슨 도움이 돼? 나는 웬만해서는 화가 나지 않아!'라고 분명히 느끼는 사람은 일상적인 생활에서도 화를 잘 내지 않을 것이다. 반면 전 과장처럼 '내 잘못이 아닌데 왜 내가 책임져야 하지? 시시비비를 정확하게 가리지 않는 상황은 나를 화나게 해. 이기적인 사람들을 보면 언짢아. 내 노력을 몰라주면 열 받아.' 등과 같이 부정적인 규정이 무의식에 녹아들어 있는 사람은 참으려고 해도 자신도 모르게 어느 순간 누적된 화가 분출된다.

화는 절대적으로 존재하는 것이 아니라 자기의 무의식에 따라 느껴

지기도 하고 없어지기도 하는 감정이다. 그러니 자기 무의식의 규정이 바뀌면 화는 자연히 없어진다.

그런데 일반적으로는 표피적인 방법을 동원하여 화난 마음을 다스리거나 참으려고 한다. 천천히 걷거나 다른 사람과 수다를 떨면서 풀기도 하고 술을 마시기도 한다. 이런 방법으로는 화가 한때 가라앉을 뿐 근원적으로 해소되지는 않는다. 왜냐하면, 무의식은 표면적인 생각 이면의 전제된 생각을 받아들이기 때문이다. '화를 참아야지. 화를 다스려야지. 잊어버려야지.'라는 긍정적인 노력을 하더라도 깊은 무의식에서는 '화가 있다'는 전제를 느끼는 것이다.

'있다'고 인정하는 것은 없어지기 어렵다. '있는' 것을 '없는' 것으로 만들려고 할수록 '있다'는 것이 강조될 뿐이다. 지인들로부터 반전데모에 참여를 권유받은 마더 테레사는 한 번도 반전운동과 같은 네거티브 행사에는 참여하지 않았다. 그러나 평화를 위한 시위에는 항상 동참했다. 왜냐하면 '전쟁을 반대한다'는 외침은 사람들로 하여금 '평화'보다 오히려 '전쟁'을 떠올리게 했기 때문이다.

'전쟁 반대'나 '전쟁 찬성'이 내리는 표면적 결론은 다를지 모르지만 반대와 찬성이라는 말 자체는 의미가 없다. '전쟁'이라는 단어가 이미 전쟁의 씨앗을 품고 있기 때문이다. 전쟁뿐만 아니라 '범죄 퇴치'라는 말도 마찬가지다. 긍정적인 의도로 문제에 저항하는 것이지만, 이 자체가 곧 안 좋은 것이 '있다'고 인정하는 것이기 때문에 없애려고 노력해도 쉽게 없어지지 않는다.

다시 말해서, 화를 참고 다스리려고 노력할수록 무의식은 '화가 있다'고 믿게 되고, 그 말과 느낌에 집중하게 된다는 것이다. 그러면 무의식에 '나는 이럴 때 화가 나.'라는 규정은 더욱 강화되며, 또다시 화가 느껴지고 괴로워지는 일이 반복된다.

🌿 화에서 자유로워지는 길

그렇다면 어떻게 화에서 자유로워질 수 있을까? 앞서 말했듯 화나는 마음을 없애려고 노력하는 것은 해결 방법이 아니다. 나의 본질을 느낌으로써 내 마음속의 화가 사라진다. 자신의 본질을 인식할수록 무의식에 새겨진 '화나는 상황'에 대한 규정이 바뀌게 되기 때문이다.

나의 본질은 기쁨과 평화다. 또 사랑과 감사다. 이는 보통 사람들이 생각하는 불행과 행복, 불안과 평화와 같은 이원론적인 느낌이 아니다. 이기적인 에고를 초월한 무조건적으로 행복하고 평화로운 정서이다. 어떤 환경이나 누군가에 의해서 획득되는 것이 아니라 자기 의식의 근원에서 느껴지는 것이다. 이를 자기의 본질로 인정하고 받아들이는 것이 처음에는 쉽지 않다. 그러나 **화나는 조건이 새겨져 있는 무의식적 생각으로부터 자유로워지는 유일한 방법은 행복 자체로서의**

자신의 본질에 집중하는 것이다.

  이것을 '탁월한 자기규정'이라고 해도 좋고 '긍정적 자기암시'라고 해도 좋다. 그러나 일단 자기를 기쁨과 평화로 규정하고, 그 느낌을 불러일으키는 훈련을 시작하면 화나는 마음이 편안한 마음으로 전환되는 것을 발견하게 된다. 습관이 되어버린 부정적인 생각이 한순간에 변하기는 어렵지만, 본질의 정서가 느껴지면 무의식은 서서히 바뀐다. 기쁨과 평화가 자기도 모르게 주된 정서로 자리 잡기 시작하는 것이다.
  화나는 마음을 완전히 승화시킬 때까지는 지속적인 '자기수련'이 필요하다. '자기수련'이라고 해서 고행이나 힘겨운 수행 같은 것은 아니니 겁먹을 필요는 없다. 여기서 말하는 '자기수련'은 '중단 없는 생각의 전환'을 의미한다.

'화가 나는 건 진짜 내가 아니야. 진짜 나는 사랑이고 감사야.'
'나는 언제나 기쁘고 평화로워.'

  이렇게 자기 본질에 몰입하고, 그 느낌을 진심으로 이끌어 내는 것이 바로 자기수련이다. 다소 단순해 보이는 이 방법이 가장 탁월한 자기수련이고 자신을 진정으로 발전시키는 방법이다. 화가 날 때뿐만 아니라 평상시에도 이를 계속 실천하면, 화가 나는 상황에서 생각을 전환하는 것이 훨씬 빠르고 쉬워진다.

자기의 본질에 집중하면 우리는 자신의 삶을 관조할 수 있는 높은 의식의 관점에 서게 된다. 우리는 꿈이 아무리 진짜처럼 느껴져도 깨고 나면 그것이 모두 환상이라는 것을 안다. 마찬가지로 화를 자주 느끼던 자기의 의식 수준이 높아지면, 마치 꿈을 깨고 난 것처럼 화라는 마음은 진짜가 아니었음을 알게 된다. 본질을 느끼면 본질 아닌 것에 대한 기억과 느낌은 실제로 일어나지 않고, 화는 본래 없는데 있다고 착각했다는 것을 깨닫게 되는 것이다.

자기 수련을 꾸준히 해오던 전 과장이 얼마 전 이런 말을 했다.

"이전 같으면 크게 화를 낼만한 상황인데, 이젠 5분 만에 의식을 전환할 수 있게 되었습니다. 나의 본질이 행복이고 조건 없는 사랑이며 평화라는 생각을 반복했을 뿐인데, 정말 마음이 편안해졌습니다. 정말 놀랍습니다. 앞으로 더욱 저의 본질에 몰입하겠습니다. 감사합니다."

그는 이제는 화를 참거나 다스리려고 하지 않는다. 그저 '화'라는 것과 자신을 동일시하지 않고, 진짜 자신의 본질이 무엇인지를 스스로 확인할 뿐이다.

배신감을 치유하는 법

욕하고 원망한다고 상처가 치유되는 것은 아니다

살아가면서 사랑하는 연인, 오래된 친구, 가까운 친인척 등 진실로 믿었던 이에게 예상치 못했던 배반을 당할 때가 있다. 이때 배신한 사람을 향한 분노와 억울함을 치유하지 않으면, 그것은 오래도록 마음의 상처로 남아 인생을 불행하게 한다.

쉽게 사라지지 않는 상처

정 회장은 20년 전 설립한 조그만 회사를 매출 2,000억 원대의 중견 기업으로 키운 사업가였다. 회사를 설립할 당시 가까이 지내던 고향 후배를 입사시켜 일을 가르쳤다. 대학교 학비를 대주고, 결혼할 때엔 집과 차를 장만해 주는 등 자신이 할 수 있는 것이라면 물불을 가리지 않고 도왔다. 후배 또한 이런 정 회장의 도움에 감사하며 회사를 위해 열심히 일했다. 정 회장은 사고로 죽은 친동생을 대신해서 자기의 사업을 도와주는 이 후배를 친동생 이상으로 여겼고, 평생 함께 갈 사람이라고 믿었다. 그렇게 16년이 지난 후 정 회장은 후배를 사장으로 임명했고, 회사의 재무를 모두 맡겼다.

그러던 어느 날 후배가 유럽 출장을 다녀오겠다고 말했다. 정 회장은 잘 다녀오라며 여비까지 넉넉히 챙겨주었다. 그런데 그것이 나락의 시작이었다. 출장 다녀오겠다던 후배가 사채업자에게 어음할인을 해주고 수십억 원을 챙겨 외국으로 떠나버린 것이었다. 회사는 부도 직전까지 갔다. 물론 정 회장은 부도를 막을 수도 있었지만, 가장 믿고 있던 사람에게 배신을 당한 분노 때문에 사리판단을 제대로 하지 못해 결국 회사는 문을 닫게 되었다. 20년을 바쳐 키운 회사가 허공으로 사라지는 것은 순간이었다. 그 이후 정 회장은 매일 술로 지내며 3년의 세월을 분노와 원망으로 보냈다.

정 회장이 나에게 말했다.
"죽여 버리고 말 겁니다. 내 인생을 몽땅 망가뜨리고 우리 가족들에게 피눈물을 흘리게 한 그놈을 잡아 죽여서 그 간을 씹어 먹어야 분이 풀릴 것 같습니다. 그리고 보란 듯이 다시 일어설 겁니다. 사업에는 자신이 있으니까 복수만 하면 바로 새로운 사업을 할 거예요."

정 회장의 마음을 가득 채우고 있는 것은 오직 '복수'뿐이었다. 후배에게 해를 가하고 벌을 받을지언정 원한부터 갚겠다고 말할 만큼 미움과 분노가 극에 달해 있었다. 우선 그를 진정시켜야 했다.

"그렇게 자꾸 복수를 떠올리며 분노하고 억울해하면 자신만 손해입니다. 이미 후배 때문에 금전적인 큰 손해를 보았지만, 그것만이 손해가 아닙니다. 정 회장이 지금 느끼는 그 분노와 괴로움은 결국 정 회장의 신체를 해치게 될 겁니다. 복수하기도 전에 아마 건강부터 잃게 될 겁니다."

복수하겠다는 마음에는 원망과 적개심, 억울함과 분함, 증오와 괴로움 등과 같이 어두운 정서가 쌓여 있다. 그래서 복수를 생각할수록 어두운 정서들을 더욱 짙게 느끼게 되는데, 이런 마음을 느껴서 손해 보는 사람은 상대방이 아니라 자기 자신이다. 자기를 실패하게 한 사람을 욕하고 비난하면, 그도 자기처럼 괴로워질 것이고, 그럼으로써 자기의 상한 마음이 풀릴 거라고 여기는 것은 어리석은 생각이다. **어떤 대상을 향해 원망, 미움, 분노를 느끼는 것은 자기를 원망하고 미워하며 자기에게 화를 내는 것과 같다.** 부정적인 감정을 느끼는 주체는 자기이기 때문에 분출할수록 해소되기는커녕 자기의 마음에 더 깊이 누적된다. 그리고 마음과 연결되어 있는 신체부터 나빠지기 시작한다. 오래도록 증오하고 화를 내는 마음은 자기의 마음이기 때문에 마음이 관여하는 몸이 쾌적한 상태가 될 리 없다.

　정 회장은 자기가 손해라는 걸 알면서도 분하고 미운 감정이 쉽게 없어지지 않는다고 했다. 후배가 앗아간 것은 돈뿐만 아니라 더 크게 이루고 싶던 꿈이었기 때문이다. 그것까지 알고 있던 후배가 뒤통수를 치고 떠날 거리고 상상도 못했었기에 그 배신감은 깊은 상처가 되었다. 후배가 출장을 다녀오겠다고 한 날을 수백 번도 넘게 생각했다는 그는, 그날로 되돌아갈 수만 있다면 여한이 없겠다고 했다.

🌿 과거는 '없다'

근본적으로 말하자면 정 회장이 분하고 억울하게 생각하고 있는 과거의 일은 '없는 것'이다. 동생처럼 믿고 있던 후배의 배신은 이제 정 회장의 기억으로만 존재하는 것이다. 이 말은 기억에 대한 의미와 해석이 달라지면 그 느낌까지도 달라진다는 의미이다. 자기가 무슨 일을 떠올렸을 때 그것에 대해 느끼는 감정은 현재 자기의 마음상태이기 때문에, 지금 자기의 마음이 바뀌면 기억에 대한 느낌도 달라진다. 한참 잘 나가다가 모든 것을 잃어버린 후, 다시 멋지게 일어선 사람들은 하나같이 '그 실패 덕분에 지금의 더욱 단단한 성공을 거두게 되었다.'고 말한다. 실패한 당시에는 깊은 좌절에 휩싸이더라도, 그것이 자기 인생을 돌아보는 기회라고 인식한 사람에게는 실패가 더는 실패일 수 없다. 오히려 자기에게 미흡했던 부분을 키울 수 있는 고마운 일이다.

정 회장도 현재의 생각이 이렇게 바뀌면, 과거를 변화된 상황으로 느낄 수 있다. 구체적인 기억을 떠올리고 말로 할 수는 있어도 배신당했다는 분노와 억울한 마음이 느껴지지 않게 된다. 수련을 통해 인격이 성숙하면서 과거에 대한 기억이 사라진다. 이전의 괴롭고 증오하는 마음이 없어지는 것이다. 없어졌다고 말했지만 그런 과거는 본래 없는 것이기 때문에 없는 것으로 만들어 낼 수가 있다.

'없다'를 명확하게 느끼면 과거 때문에 괴롭고 집착했던 마음에서 단숨에 자유로워지고 편안해진다. 그런데 '없다'는 것은 논리와 지성을 뛰어넘는 고도의 직관을 통해 터득할 수 있기 때문에 이렇게 글로 읽거나 말로 들어서는 이해하기가 쉽지 않다. 꾸준한 수련을 통해 본질적 지혜가 드러날 때 직관적으로 '아! 그렇구나. 없는 것이구나.'하고 느낄 수 있다. 또는 이미 직관이 계발된 사람이 '없다'는 뜻을 접하면 순간적으로 번뜩하고 깨닫게 될 수도 있다.

정 회장은 '없다'는 의미를 이해할 만큼 직관력이 발달되어 있지 않았다. 또한, 배신감과 분노에 너무 집착하고 있었기 때문에 점진적으로 마음을 돌리고 인격을 성숙시켜가는 쪽으로 코칭을 진행했다.

🍃 본래의 좋은 마음 느끼기

모든 생각과 감정은 본인의 마음에서 일어난다. 그 어떠한 상황도 모두 자기 마음에서 일어나는 것이기 때문에 현자들은 마음 다스리기에 비중을 둔 가르침을 주었던 것이다. 마음을 다스릴 때 부정적인 정서를 없애는 방향을 택하면 시간이 오래 걸릴 뿐만 아니라 잘 다스려지지도 않는다. 부정적인 느낌을 없애려고 해도 무의식에서는 '부정적인 느낌'을 인식한다.

무의식은 평상시의 마음으로 인식하기는 어렵지만, 일상적인 생각과 느낌이 올라오는 바탕이기 때문에 무의식에 부정적인 느낌이 새겨지면 마음에 큰 변화를 느끼기가 어렵다. 예를 들어 '화내지 말아야지. 원망하지 말아야지.'라고 마음을 조절해도 깊은 마음에서는 오히려 화와 원망이라는 단어와 그 단어가 내포한 느낌을 인식한다. 그리고 깊은 마음에 새겨진 화와 원망이 다시 평소의 마음으로 올라오게 되는 것이다.

따라서 마음의 상처를 치유하려면 그것을 없애려고 애쓰는 것이 아니라 **긍정적인 상태를 느끼는 방향, 즉 원하는 상태에 자기 마음을 집중시켜야 한다.** 바람직한 미래상을 마음에 각인시킨 후 그 밝은 미래를 마음으로 자주 선명하게 떠올리고 느끼는 것이다.

이를 꾸준히 하면 무의식에는 자기의 비전이 이루어졌을 때의 느낌이 녹아들기 시작한다. 부정적인 느낌으로 가득 차 있던 깊은 마음 안에 밝고 행복하고 평화로운 느낌이 조금씩 스며드는 것이다. 이 느낌이 점점 확장되고 더욱 생생해지면 의도적으로 상상했던 미래의 모습이 자연스럽게 느껴진다. 그리고 평소에 하는 생각과 말과 행동까지 밝고 편안해지며 여유가 생긴다. 자기에게 본래 갖추어져 있었지만 어두운 정서에 덮여서 드러나지 않았던 행복과 평화가 드러나는 것이다.

코칭이 계속되면서 정 회장은 자신의 피폐했던 날들에서 벗어나야 겠다는 생각이 강해졌다. 그리고 오로지 복수만 생각하던 마음을 돌리기로 했다. 그는 가족을 위해서라도 하루빨리 마음을 다잡는 것이 급선무라는 것을 누구보다 잘 알고 있었다. 우선 술과 한탄으로 보내던 하루를 청산하고, 청소나 운동과 같이 본인이 할 수 있는 작은 일들을 찾아서 행동으로 옮겨보기로 했다. 그리고 잊고 있던 꿈을 상기하며 다시 일을 시작하겠노라고 다짐했다. 무엇보다도 마음으로 이미 행복해진 삶을 떠올리고 느끼기를 꾸준히 하겠다고 결심했다. 정 회장이 진정으로 성숙할 수 있는 새로운 인생이 이제 시작된 것이다.

정 회장의 사례가 일반인들에게 쉽게 일어나는 일은 아니지만 그 마음의 원리는 마찬가지이다. 그러니 분노와 배신감으로 자신에게 손해를 입히지 말고, 궁극적으로 원하는 편안한 상태를 떠올리고 느끼자. 평상시에 정서를 순화시키고 자기에게 본래 있는 좋은 마음을 자주 느낄 때 비로소 과거로부터 해방된 행복한 삶을 누리게 된다.

Healing 05

공황장애 극복하기

원인을 분석하지 마라

　최근 들어 뚜렷한 이유 없이 갑자기 극도의 공포와 두려움을 반복적으로 느끼는 증상인 공황장애로 고통을 받는 사람들이 늘고 있다. 공황장애는 당장 죽을 것 같은 극심한 불안에 두통, 현기증, 가슴 두근거림, 호흡곤란, 손발 저림 등의 증상이 나타나는 일종의 불안증이다. 국민건강보험공단이 '공황장애 질환' 건강보험 진료비 지급자료를 분석한 결과, 2006년에 3만 5천 명이었던 환자가 2011년에는 5만 9천 명으로 5년 새 2만 4천 명이나 늘었다고 한다. 진료환자 중에는 특히 30~50대 중년층이 많았다고 한다.[3] 신체적으로는 아무 이상이 없음

---

3. '이 셋도 당했던 공황장애, 5년 새 2만 4000명 늘었다', 중앙일보(조판), 2012년 3월 26일 22면

에도 불구하고, 갑자기 호흡이 곤란해지고 심장이 두근거리는 이 죽음의 공포에서 어떻게 하면 벗어날 수 있을까?

🌿 남들은 모르는 외로운 고통

평범한 회사원인 홍명석 과장은 4년째 공황장애로 어려움을 겪고 있었다. 그는 4년 전 어느 날 승용차로 출근하다가 불현듯이 숨이 가빠지고 가슴에 통증이 느껴지면서 곧 죽을 것 같은 공포를 느꼈다. 한여름에 에어컨이 켜진 차 안에 있는데도 식은땀이 나고 눈앞이 흐려질 만큼 어지러워졌다. 그러다 잠시 뒤면 아무 일도 없었다는 듯이 멀쩡해 지곤 했는데, 이런 일이 일주일에 한두 번 정도 반복적으로 일어났다.

처음에는 몸에 이상이 있는 줄 알았다. 그래서 병원을 찾아가 다양한 검진을 받아보았는데, '이상이 없다'는 진단만 나왔다. 오진일지도 모른다는 생각에 더 큰 대학병원에서 여러 번 검사했지만, 번번이 신체에 이상이 없다는 답만 들었다. 그러던 중 한 TV 의학 정보 프로그램을 보다가 자기가 앓고 있는 병이 바로 '공황장애'임을 알게 되었다.

이후로 그는 차 안에서 느끼던 공포를 더 자주, 더 많은 장소에서 경험했다. 승용차에서 시작된 숨 막힘과 가슴 통증이 어느새 회사에서도 찾아왔다. 사무실에 있을 때 조금이라도 답답함이 느껴지면 화장실로 달려가거나 담배를 한 대 피면서 정신을 차리려고 애를 썼다. 주위 사람들에게 자기 문제가 알려질까 봐 태연한 척 연기했지만 속으로는 더 큰 고통이 느껴졌다. 언제 발작이 나타날지 모른다는 걱정과 불안 때문에 과도한 긴장상태가 지속되었고, 퇴근 무렵에는 극심한 피로가 몰려왔다. 그가 말했다.

"이러다 죽을지 모른다는 공포감은 이루 말할 수가 없습니다. 발작이 금방 그치지 않으면 정말 죽는가보다 싶고, 정상으로 돌아와도 언제 다시 그럴지 모르니까 너무 불안합니다. 아직 회사를 더 다녀야 하는데 하루하루가 지옥 같아요. 주위 동료가 무슨 일이라도 있느냐고 물으면 들킨 건가 싶어 깜짝 놀라기도 합니다. 집에서는 그나마 좀 나은 편이지만 애들이 밖으로 놀러 나가자고 해도 겁이 나서 움직이질 못합니다. 사람들이 많은 곳에서 발작이라도 일으키면 애들이 얼마나 놀라겠습니까? 아직은 아니지만, 부모님이나 친지들이 모인 자리에서 그러기라도 하면……."

그는 공황장애에 좋지 않다는 술과 카페인 음료를 멀리하고 있다고 했다. 담배도 끊는 게 도움이 된다고 들었지만, 회사에서 불안이나 답답함을 견디려면 담배라도 피워야 했다. 요가나 호흡을 조절하는 방법을 배워볼까 생각도 했는데, 새로운 사람들을 만나는 게 두렵다고 했다. 다른 사람들 앞에서 갑자기 발작하는 모습을 보일까 봐 걱정되었고, 또 사람들에게 피해를 주고 싶지도 않다고 했다. 그러다 약을 먹기 시작했는데 복용 후 몇 시간 동안만 불안이 줄어들 뿐이었다. 다른 방법이 없어서 고육지책으로 약을 먹지만 근본적인 치유 없이 먹는 약의 종류와 양만 점점 늘어간다고 했다.

🍃 무의식에 쌓인 병적인 불안감

신체적 이상이 없는데 특정 장소나 상황에서 갑자기 발작을 일으키는 이유는 자기의 무의식에 쌓인 병적인 불안감 때문이다. 병적이라는 것은 보통 사람이 불안을 느끼는 것보다 훨씬 더 강도 높게 자주 느끼는 것이다. 평범한 사람은 그냥 지나가는 일인데 민감하게 불안감을 느끼고 부정적인 생각을 과도하게 하거나, 아직 일어나지 않은 일에 대해 최악의 상황을 상상함으로써 불안에 떤다면 병적인 불안감이라고 할 수 있다. 비행기를 못 타는 고소공포증이나 폐쇄공포증 등도 병적인 불안감에 기인한다고 볼 수 있다.

이런 극도의 불안, 병적인 불안감은 각각의 상황에서 자기에 관한 규정을 부정적으로 한 것이 습관화된 것이다. 홍 과장은 예상치 않은 발작과 그에 따른 숨 막힘과 공포감을 느끼면서 자기 스스로에 대해 '나는 갑자기 발작을 일으킬지도 몰라. 두려워. 나는 공황장애 환자야.'라고 믿게 되었다. 자기 스스로 그런 사람이라고 규정한 것이다. 이런 규정은 또다시 자기만의 부정적인 생각을 만들어 내는데, 이 생각들은 공포와 두려움과 같은 어두운 정서를 수반한다.

표면의식은 매우 빠르게 흘러가는 이러한 무의식적 과정을 통찰하지 못하고 겉으로 드러난 극도의 불안만 느끼게 된다. 이유도 없이 갑자기 숨이 막히는 것 같고 심장이 터질 것 같은 무서움에 사로잡히는 것이다. 그리고 이런 불안 경험은 다시 '나는 정상이 아니야.'라는 부정적인 규정을 강화시킨다. 무의식적 생각에 따라 현실 속 자신의 행동이 나타나는 것인데, 이런 원리를 모르고 현실 속 자신의 모습만 바라보면 당연히 괴로울 수밖에 없다. 그러면 결국 자아를 부정적으로 강화시키게 되고, 그것이 다시 더 나쁜 현실로 이어지는 악순환이 반복되는 것이다. 작은 불안이 점점 극심한 불안이 되고 발작으로 나타나는 이유가 바로 여기에 있다.

이때 중요한 것은 원인이 무엇인지 자꾸 분석할 필요가 없다는 것이다. 이것은 마치 어두운 방 안에서 '왜 어둡지?', '얼마나 어두운 거야?' 하고 어둠만 분석하고 있는 것과 같다. 어둠을 아무리 분석해도 방은 밝아지지 않는다. 어둠이 있다는 사실만 더욱 확실하게 알게 될 뿐이다. 다시 말해서 문제의 원인을 분석하는 것은 문제가 있다는 사실만 계속 강조하는 것이다. 있다고 인정하는 것을 없애는 것은 대단히 어렵다. 왜냐하면 무의식은 부정과 긍정을 구분하지 않고 그 단어가 가진 생각과 정서만 느끼기 때문이다.

예를 들어 '공황장애를 고치려면 어떻게 해야 하지?'라고 생각을 했을 때 무의식은 어떻게 하겠다는 의지가 아니라 공황장애를 인정하는 전제를 받아들인다. 치유하려고 할수록 마음에는 공황장애라는 관념과 그에 따른 불안과 치유에 대한 집착이 쌓이는 것이다. 따라서 정말로 공황장애를 치유하려면, 치유하려고 애쓰지 말아야 한다.

🍃 새로운 생각으로 전환하기

물건을 바꿀 때에는 있는 것을 치우고 새로운 것을 가져오면 되지만, 마음의 병적인 불안감을 바꿀 때에는 불안을 없앤 후에 평화로움을 가져오는 것이 아니다. 생각은 대체하는 것이 아니라 **새로운 생각으로 계속 전환을 해야 바뀌는 것**이다. 과거의 것을 버리고 새것을 취하는 것이 아니라 새로운 생각과 그에 맞는 정서를 느낌으로써 과거의 마음을 사라지게 하는 것이다.

이때의 새로운 생각과 느낌은 자기 내면의 가장 탁월한 것일 때 강력한 힘을 발휘한다. 인간이 일으킬 수 있는 가장 탁월한 생각은 자기의 본질, 다른 말로 순수의식, 깨달음에 이른 의식이다. 이는 인간 의식의 가장 높은 경지라고 할 수 있는데, 누구에게나 존재하고 있다. 그러므로 알고자 한다면 누구나 알 수 있고 선명하게 느낄 수 있다.

최고의식을 터득한 예수, 석가, 크라슈나, 라나마 마하리쉬 같은 성자들도 말했다. 누구나 자기의 본질을 터득할 수 있다고.

자기의 본질이 평화로움과 행복임을 알면 불안하지 않다. 늘 긴장하고 염려하던 마음이 어느 사이에 편안하고 느긋해져 있고, 공포심과 두려움이 용기와 배짱으로 바뀌어 있게 된다. 원하지 않는 감정을 없애려고 노력하는 것이 아니라 자기의 본질적인 성분을 이해하고 느끼는 동안 원하지 않는 감정은 어느새 없어져 버린다. 없어져 버린다고 했지만, 본래부터 없었기 때문에 없는 것을 확인하게 되는 것이다.

홍 과장은 일주일마다 열리는 본질을 알아가는 모임에서 강의를 듣고 사람들과 대화를 나누며 본질적인 느낌을 교감하였다. 그리고 생활로 돌아가서는 본질에 대한 명상을 실천했다. 그렇게 1년이 다 되어가던 어느 날 그가 놀라운 발표를 했다.

"사실은 제가 공황장애 때문에 약을 한 움큼씩 먹었습니다. 그런데 모임에 참석하면서 그 약을 반으로 줄여서 먹게 되었습니다. 그리고 지금은 아예 약을 먹지 않습니다. 마지막으로 공황상태를 겪은 게 언제인지 잘 기억나지도 않습니다. 전에는 자주 괴로웠는데 말이죠. 이렇게 편안해질 수 있게 되어 정말 고맙습니다."

고통을 치유하려고 애쓰지 말고 완전한 치유가 이루어진 본질의 느낌이 무엇인지 진실로 알아보자. 지식이 아니라 가슴 깊은 곳에서부터 올라오는 느낌으로 알게 될 때 언제 그랬냐는 듯이 평화로워진 자기를 만나게 될 것이다.

힐링 원칙 I
치유하려고 애쓰지 마라

- 의과적 치료를 희망한다면 낫기 위한 노력을 해야겠지만, 약물이나 물리적인 치료가 아닌 정신적 치유일 경우 현상에 대한 집착을 완화시키는 것이 우선이다.

- 삶은 전부 생각으로 만들어진다. 비록 말로 표현되고 행위로 이루어진다고 해도 말과 행위의 동인(動因)은 생각이다.

- 누구에게나 치유하고 싶은 문제가 있다. 불면증, 불안하고 두려운 마음, 우울하고 슬픈 마음, 미워하고 화나는 마음, 집착하고 탐욕스러운 마음, 대인관계에서의 갈등, 부부 불화나 불임 등이다. 그런데 그런 것들을 치유하려고 애쓰지 말고 문제가 있으면 있는 대로 내버려두라. 될 수 있으면 편안한 마음이 되도록 하는 것이 치유를 위한 1차적 준비다.

- 치유하려고 애쓰는 것은 치유해야 할 안 좋은 것이 나에게 '있다'고 무의식에서 강하게 인정하는 것이다. 표면의식은 현실적으로 문제를 인식하기에, '문제를 없앴으면' 하고 바라지만 그렇게 바랄수록 무의식에는 '문제가 있다'는 생각이 각인된다. 무의식에서 인정하고 있는 것은 의식에 늘 나타나기 마련이다. 따라서 문제를 없애려고 할수록 문제가 오히려 부각된다.

- 문제의 원인을 분석하려고 애쓰지 마라. '왜 이런 문제가 생기는 거야? 원인을 없애야 해!'라고 원인을 찾으면 무의식에 '나에게 문제가 있다'는 신념이 강화된다. 문제를 일으킨 무의식적인 원인을 표면의식으로 찾아내기는 쉽지 않다. 설사 심리학적으로 원인을 찾았다고 해도 그것은 표면적인 원인에 불과하다. 심층의 원인은 자기의 본질을 몰라서 엉성하게 생각하고 행위를 하는 데 있기 때문이다.

- 문제를 없애려고 문제를 생각하는 것은 현명하지 못하다. 문제는 생각할 가치가 없다. 휴대폰의 액정이 흐리거나 회로가 망가지면 관련 부품을 교체하면 되지만 마음에는 안 좋은 것을 버리고 새것을 가져올 수 없다. 좋은 것, 바람직한 것, 즉 원하는 상황만이 이미 이루어진 것으로 강하게 마음에 그릴 때 자기 무의식이 새롭게 바뀐다.

- 문제 상황에서 벗어나고 괴로운 마음을 정말로 치유하고 싶다면 치유하려고 애쓰는 노력을 멈춰라. 그리고 이후에 나오는 치유의 원칙에 충실하라.

· 힐링원칙 II ·

남이 나를 알아주기를 바라지 마라

회사에 대한 불만 없애기

자기부터 반성하라

조직의 비전과 목표 달성을 위해서는 조직원 간에 시너지가 발생해야 한다. 그런데 불만이 많은 직원이 있으면 하나의 목표를 지속적으로 추진하기 쉽지 않다. 매사에 부정적 의견을 제시하고 비판적인 태도를 보임으로써 주위 동료의 사기를 떨어뜨리고 팀 화합에 부정적인 영향을 끼치기 때문이다. 그렇다고 불만 가득한 직원을 당장 퇴사시킬 수는 없다. 동기를 부여하여 스스로 일하고자 하는 의식을 일깨워줌으로써 잠재된 역량을 발휘하도록 하여 직원과 회사의 발전을 동시에 도모해야 한다.

🌿 문제 직원으로 눈총받는 주 과장

내가 속해 있는 컨설팅회사에서 저성과자를 대상으로 능력개발 교육을 진행한 적이 있다. 이 교육을 받게 된 직원들의 표면적인 공통점은 업무성과와 인사고과가 최하위에 속한다는 것이었는데, 실제로는 회사에 대한 불만과 불평이 너무 심한 것이 이유였다. 인사팀에서는 회사의 인사평가시스템뿐만 아니라 같이 일하는 동료나 상사를 비롯하여 업무 환경까지 불만을 표시하는 이 직원들 때문에 팀원들의 의욕이 떨어지고 조직의 자부심이 손상되고 있다고 판단하고 있었다. 이들은 불만이 가득한 상태였기 때문에 능력이 있음에도 불구하고 열심히 일하지 않았고 성과도 내지 못했다.

교육을 의뢰한 이 회사는 교육을 통해 교육대상자들의 불평과 불만을 제거하고 안일한 태도를 혁신하길 원했다. 이러한 요구를 분석하여 자아 성찰과 고정관념 타파, 무의식 통찰과 한계 돌파 체험, 긍정적 마인드와 삶의 의욕 개발 등으로 구성된 4박 5일짜리 프로그램을 설계하였다. 회사 측은 추가로 교육 태도와 참여도 및 교육수행 정도를 평가해달라고 요청했다. 혁신에의 노력이 없고 교육 과정에 열심히 참여하지 않는 교육생들은 평가 결과를 근거로 퇴출 대상에 올릴 계획이었다. 물론 회사 측에서는 교육생들에게 이번 교육의 목적이 자기 혁신에 있으며 태도와 성과를 종합적으로 평가하여 인사고과에 반영할 것이라는 계획을 미리 알렸다. 부작용의 우려도 있었지만 교육생들이 교육에 제대로 참여하도록 만들기 위해서는 강력한 충격요법이 필요하다고 판단했기 때문이었다.

울며 겨자먹기로 교육에 참여한 교육생들은 처음에는 굳은 표정으로 마지못해 교육장에 앉아 있었다. 베테랑이었던 담당 강사는 정서적으로 그들과 공감하고 자기를 돌아보는 시간을 충분히 가진 후에 변화의 필요성을 스스로 느끼도록 분위기를 이끌어 갔다. 그렇게 하루 이틀이 지나니 교육생들 스스로가 그동안 너무 안일했다는 사실을 인정하며 교육에 의욕적으로 참여하기 시작했다. 표정이 하나 둘씩 부드러워졌고 눈빛은 더욱 진지해졌다. 이번 기회를 통해 새롭게 태어나겠다는 큰 결심을 한 교육생들도 있었다.

그런데 그 중에서 유독 한 사람은 불만이 쉽게 사그라지지 않았다. 지역사업소 관리팀에서 일하는 주상현 과장은 교육생들 중에서도 요주의 인물이었다. 그는 입만 열만 회사를 심각하게 비판했다. 교육의 목적을 매도하며 '교육을 받은 사람들은 어차피 전부 다 퇴출당할 것이다, 가만히 앉아서 당할 수는 없다.'는 등의 말로 교육생들의 마음을 불안하게 만들었다. 또한 강사에게도 곤란한 질문을 종종 했다. 담당 강사는 이런 주 과장에게 별도의 개인 코칭이 필요하다고 판단하여 그를 나에게 데려왔다. 주 과장이 말했다.

"제가 왜 이런 교육을 받아야 하는 겁니까? 잘못한 사람은 제가 아니에요. 회사가 저를 이렇게 만든 겁니다. 상사가 개인적으로 저를 마음에 들어 하지 않았어요. 그래서 평가를 엉망으로 준 겁니다. 그런데 왜 제가 문제 직원으로 찍혀서 이런 어려움을 겪어야 합니까? 상사도 상사지만 상사한테 지시하는 상사, 이 교육을 지시한 사장을 찾아가 죽여버리고 나도 죽어버리고 싶습니다."

사장을 죽이고 싶다는 말을 거침없이 내뱉을 정도로 주 과장의 불만은 깊었다. 교육담당자에게 들어보니 그가 속해 있던 팀의 상사는 예전부터 그에 대한 관리를 포기했고, 동료들도 그와 부딪히면 손해라고 생각하여 조심조심 대한다고 했다. 하지만 주 과장은 자기가 피해자라는 생각에 갇혀 상황을 객관적으로 직시하지 못한 채 성난 황소처럼 어디로 튈지 모르는 분노만 표출하고 있었다. 심지어는 사장을 죽이기 위해 세웠던 계획까지 언급하기도 했다. 보통 사람들이라면 '뭐 그런 정도로 사장을 죽이려는 마음까지 드나?'라고 생각할 수 있다. 그러나 주 과장으로서는 그런 분노가 당연했다. 상사에 대한 미움이 짙어져 그것이 상사의 더 높은 상사인 사장에게까지 연결되었고, 결국 모든 원인을 사장에게로 돌리는 이상한 상태가 되어버린 것이었다.

그에게 물었다.

"회사나 상사에 대한 불만과 분노를 느끼는 자기 마음이 정당한 것인지 생각해 본 적이 있습니까?"

그는 회사 때문에 자기가 이 지경이 되었다며 얼굴을 붉혔다. 주 과장과 같이 '부정적 평가와 지적을 받은 사람들'은 그 평가 내용을 받아들이기 어려워한다. 그 내용을 긍정적인 의미로 해석하여 자기 발전의 계기로 삼으면 다행이다. 불행하게도 불만의 정도가 심한 직원들은 회사의 평가와 지적이 자존심을 건드렸다고 느끼는 경우가 많다. 평가 결과에 반발하며 열심히 일한 것을 몰라주는 평가자가 잘못되었다고 심하게 비판하기도 한다. 문제는 자기 변화를 도모하지 않기 때문에 이후에도 재차 낮은 평가와 지적의 대상이 되기 쉽다는 것이다. 이런 직원들이 자기 발전을 위해 노력을 하지 않으면, 회사에서는 아예 '더 발전 가능성이 없는 직원, 문제 직원'으로 낙인을 찍어 버리기도 한다.

🌿 자기 변화의 의미

만약 누군가가 자기에게 부정적인 이야기를 하거나 때로 기분 나쁜 소리를 한다면 거기에는 분명히 자기로부터 시작된 이유가 존재한다. 특히 상사가 자기를 불러서 지적했을 때에는 반드시 그럴만한 이유가 있다. 그런 소리를 듣기까지 자기 스스로 인식하지 못했을 뿐이다.

따라서 자기를 알아주지 않는다고 항의를 하거나 불만을 표출할 것이 아니라 상대방의 이야기를 되짚어 보고 자기의 부족한 점을 알아채는 것이 발전을 위한 급선무이다. 그런데 주 과장처럼 불만이 심한 사람은 처음부터 자기문제를 스스로 성찰하도록 이끌어가기가 쉽지 않다. 교훈적인 이야기나 다른 예시를 들어 마음을 조금씩 열게 하면서 자기 내면을 돌아보게 하는 것이 효과적이다. 그래서 나는 주과장에게 '마시멜로 이야기'에 나오는 간디의 아들과 손자 이야기를 해주었다.

:: 마하트마 간디의 아들과 손자 이야기 ::

어느 날 아룬(마하트마 간디의 손자)의 아버지가 아룬에게 말했다.
"차를 수리해야겠구나. 정비소에서 수리가 끝날 때까지 기다렸다가 늦어도 5시까지 날 데리러 오너라."

아룬은 정비소로 가서 차를 맡겼는데 예상보다 차 수리가 너무 빨리 끝났다. 시계를 보니 12시. 아직 다섯 시간이나 남아 있었다. 그는 영화 두 편을 동시 상영하는 극장으로 가서 표를 샀다. 그런데 한 편만 보고 나오려던 아룬은 영화에 푹 빠져서 그만 두 편을 연속해서 보고 말았다. 영화 두 편이 다 끝나고 나서야 화들짝 놀라 시계를 보니 6시도 훨씬 넘었다. 그가 아버지의 사무실에 도착했을 때 아버지의 얼굴에는 근심과 안도감이 동시에 교차하고 있었다.

"아들아, 네게 무슨 사고라도 생기지나 않았는지 무척 걱정했단다. 무슨 일이 있었니?"

아룬은 갑자기 억울한 표정을 지었다.

"어휴, 어리석은 정비사들 때문이에요. 고장 원인을 찾지 못하다가 이제야 수리를 끝냈어요. 곧장 달려왔는데, 너무 늦었네요. 정말 죄송해요."

아버지는 약간 의아한 표정이었다. 잠깐 그의 얼굴이 찌푸려졌으나 다시 침착함을 찾는 듯했다.

"이제 집에 가야죠. 타세요, 아버지."

그러나 아버지는 차에 타지 않은 채 그 자리에 꼼짝 않고 서 있었다.

"아니다. 나는 집까지 걸어가련다."

"아버지, 왜 그러세요?"

"나는 너를 올바르게 키우고자 노력했단다. 그런데 내가 너에게 신뢰를 심어주지 못했구나. 나는 아버지로서 자격이 없다. 어떻게 해야 더 훌륭한 아버지가 될 수 있는지 곰곰 생각하면서 집까지 걸어가야겠다. 그리고 네가 거짓말할 정도로 내가 나쁜 아버지였다면 부디 나를 용서해주기 바란다."

아버지는 약속시간에 맞춰 사무실로 오지 않는 아들이 걱정된 나머지, 정비소에 전화를 걸어 전후 사정을 모두 파악한 상태였다. 그러나 아룬에게는 그 말을 하지 않았던 것이다.

아버지는 걷기 시작했다. 아룬은 천천히 차를 몰아 아버지를 뒤따르면서 울먹였지만, 아버지는 잠자코 고개만 저었다. 그는 아들에게 조용히 말했다.
"아니다, 아들아! 너 먼저 가거라. 어서 집으로 가라."

아버지는 끝끝내 아들의 청을 거절했다. 그리고 천천히 밤거리를 걸었다. 결국 두 사람은 거의 5시간이 지나 자정 무렵이 되어서야 집에 도착했다. 집에 도착한 아버지는 아무런 말 없이 잠자리에 들었다.

훗날 아룬은 그날을 회상하며 이렇게 말했다.
"그 후로 저는 어떤 사람에게도 거짓말을 해본 적이 없습니다."

_「마시멜로 이야기」중에서

이야기를 마치고 주 과장에게 이 일화의 교훈이 무엇인지 물었다. 다행히 그는 어떤 일이든 자기부터 반성해야 한다는 의미를 이해하고 있었다. 그런데 답을 이야기하면서도 여전히 현실에서는 자기에게만 잘못이 있는 것은 아니라며 불만을 거두지 않았다.

그는 지금까지 자기에게 무슨 잘못이 있는지를 돌아본 적이 거의 없었기 때문에 자기의 부족함을 쉽사리 인정하지 못했고, 자꾸 반박하는 이야기만 늘어놓았던 것이다.

이렇게 자기의 정당함만 유지해서는 발전할 수 없다. 아룬의 아버지가 아들의 거짓말을 자기 성찰의 거울로 삼았듯이 주 과장은 사장을 죽이고 싶다거나 회사와 상사가 잘못되었다는 자기 생각이 정말로 정당한 것인지를 돌아봐야 한다. 그렇지 않으면 자신도 발전하지 못하고 회사에서의 처우도 개선되지 않는다. 무엇보다도 계속 불만을 품고 있어서 손해 보는 건 주 과장 자신이다. 불만스러운 마음은 전부 자기 마음에서 올라오는 부정적인 마음이기에 자기에게 고스란히 영향이 돌아온다. 그러므로 자기를 먼저 알아주길 바라지 말고 자기의 변화부터 꾀해야 한다.

자기를 변화시킨다는 건 자기를 알아주지 않아 섭섭한 마음을 발전 지향적인 사고로 전환하는 것이다. 상사, 사장, 회사를 비판하지 말고 '저의 부족한 점을 알려줘서, 바꿀 수 있는 기회를 줘서 고맙습니다. 덕분에 제가 더 발전할 수 있습니다.'라고 고맙다는 생각을 하는 것이 그 시작이다. 나에게 부정적이고 비판적인 이야기를 해 주는 사람에게 고마움을 느낄 때 자기의 현실은 바뀐다.

주 과장은 이런 설명을 들으며 점차 '문제는 나에게 있었다. 나부터 변해야 하는구나. 여태까지 모르고 있었는데 한 번 더 기회를 주니 고맙구나. 고마운 일이구나.'라는 것을 생각할 수 있게 되었다. 외부로 향했던 시선을 내부로 돌리게 된 것이다. 지금껏 외부 탓만 하고 살아왔기 때문에 이런 작은 생각의 변화조차도 그로서는 놀라운 일이었다.

　교육 강사들이 말하기를 이 코칭 후 주 과장이 교육에 임하는 태도가 전과 다르게 달라졌다고 했다. 교육에 열심히 참여하고, 그동안 쏟아내었던 부정적인 말들을 거두었으며, 강사를 오히려 도와주기까지 했다는 것이다. 부정의 극에 가 있던 사람이 내면의 긍정성을 깨우치면 그 변화의 속도가 다른 사람보다 빠르고 변화의 강도도 더 세다는 것을 다시금 확인할 수 있었다.

　교육이 끝나고 두 달 후, 주 과장으로부터 연락이 왔다. '그때 해 주신 좋은 이야기 때문에 제 인생이 바뀌었습니다. 감사합니다.'라고 말하는 그의 목소리에서 희망과 열정이 넘쳤다. 교육담당자 역시 주 과장의 상사로부터 주 과장의 업무 태도가 전과 다르게 성실하고 긍정적이며 협조적으로 변했고, 덕분에 팀의 분위기도 좋아졌다는 피드백을 들었다고 한다. 불만의 주동자에서 고마움의 에너지로 변신한 그의 회사 생활이 얼마나 더 발전할지 기대가 된다.

인정받고 싶은 욕구 승화시키기

남들도 다 아는 것을 자기 입으로 말하지 마라

장대수 씨는 한 중견기업의 임원이었다. 영업이사였던 그는 적극적이고 활동적인 성격 덕분에 새로운 고객들을 많이 발굴해 냈다. 특유의 친화력으로 처음 만나는 사람과도 금방 친해졌고, 친절하고 성실한 태도는 고객들에게 신뢰를 주기에 충분했다. 업무처리 능력도 뛰어나 회사 매출을 올리는 데 큰 이바지를 했고, 그 공을 인정받아 임원으로까지 승진할 수 있었다.

🍃 능력을 깎아내린 공치사

그는 자기의 능력과 업적을 돋보이게 하고 싶은 욕구가 지나치게 컸다. 기회만 되면 상사에게 자기 공로를 드러내어 인정받으려 했다. 동료 임원들이 모인 자리에서는 은근히 다른 사람을 깔보며 자기의 능력을 뽐냈고, 부하들에게는 '내가 자네들 나이였을 때는 말이야'로 시작하는 훈계를 자주 했다. 문제는 이런 성향이 점점 심해져서 사람들과 은근한 충돌이 일어나는 데 있었다. 그가 회사에 기여한 바를 다 알고 있는데, 자꾸 생색을 내니 다들 겉으로 말은 하지 않아도 속으로는 불만을 품게 되었던 것이다.

차츰 그를 멀리하는 사람들이 생겨났다. 동료 임원과 부하 직원들은 자기들끼리 이야기를 나누다가도 그가 다가오면 금세 자리를 피해버렸다. 사장은 이런 상황을 잘 알고 있었지만, 그의 능력과 성과 때문에 일단 내버려두었다. 그러나 시간이 지나면서 더는 내버려둘 수 없는 분위기가 감지되었다. 아무리 뛰어난 인재라도 조직의 조화를 깨뜨리는 것은 사장으로서 조치를 취하지 않을 수 없는 일이었다. 결국, 사장은 그를 지방 사무소로 보내는 인사발령을 내었다. 이런 시점에 나를 만났던 그는 억울함을 먼저 토로했다.

"제가 회사에 기여한 게 얼만데…… 저를 이렇게 지방으로 보낼 수 있는 겁니까? 이건 좌천입니다."
"기분 나쁠 것 없습니다. 지금의 느낌은 인정받지 못했다는 생각 때문에 드는 것인데, 그것은 지혜롭게 처신하지 못한 대가입니다."
"지혜롭게 처신하지 못했다니요?"

"지사장님의 뛰어남을 남들도 다 인정하는데, 자기 입으로 자기의 성과를 말하면 듣는 사람들은 '잘난 체' 한다고 느끼고 불쾌해합니다. 누군가를 불쾌하게 하는 행동은 지혜로운 처신이 아니지요."

나는 지사장에게 의도적으로 강하게 말했다. 지사장은 리더십 관련 교육과 코칭을 많이 받았고, 스스로 자기를 잘 안다고 생각하고 있었기 때문이다. 지사장처럼 어느 정도 지위가 있고, 자기가 뛰어나다고 믿고 있는 사람의 내적 변화를 일으키려면 말을 들어주면서 입장을 이해해 주기보다 스스로 알아채지 못하는 무의식을 직관적으로 통찰하여 정확하게 짚어주는 것이 효과적이다.

지혜롭지 못한 사람은 지사장처럼 자기 업적을 떠벌리며 과시한다. 그리고 남들이 자기 말에 수긍해 주기를 바란다. 그런데 계속 그렇게 하면 주위 사람들이 서서히 떠나간다. 겉으로는 친한 듯이 대해도 속으로는 '잘난 체하는 사람, 자기 생각밖에 못 하는 사람'이라고 생각하며 가까이하지 않는다. 설사 듣는 사람이 과시하는 사람보다 실력이 없다고 해도 잘난 체하는 것을 보면 왠지 자기의 무능함을 질책하는 것 같아 피하고 싶어진다. 직장에서의 일이라는 것은 대인관계로부터 시작되는데, 이렇게 대인관계가 불편해지면 협조적으로 일이 추진되지도 않고, 지사장처럼 원치 않는 다른 부서로 옮겨지는 상황에 부딪치기도 한다.

🍃 지혜로운 처신

더 중요한 점은 자기 공로와 업적에 매여 있으면 자기의 더 큰 능력을 개발시킬 수 없다는 것이다. 단점은 공개적으로 드러내어 조언을 받아야 개선되고, 장점은 드러내지 않는 데에서 더 큰 장점으로 발전한다. 지점장처럼 단점을 지적받았을 때 거부하면 장점이 계발될 수 없음은 물론, 일에서도 더 큰 성과를 낼 수 없게 된다. 따지고 보면 과거 업적은 공로를 인정받기 위해서가 아니라 그 일 자체에 몰입했기 때문에 얻어진 성과이다. 그런데 과거 업적에 마음이 가 있으면 지금 일에 순수하게 몰입할 수 없다. 더 뛰어난 아이디어가 잘 떠오르지 않고 끈기와 집중력이 최대한 발휘되기 어렵다. 이런 내적인 퇴보와 외적인 대인관계의 부조화는 결국 과거보다 더 퇴보되고 조화롭지 않은 현실을 만들어 낸다. 지혜롭지 못한 처신 때문에 전과 같은 성과를 기대하기도 어렵고, 회사에서의 위치나 관계가 더 나빠지는 것이다.

지사장은 이렇게 생각과 행동과 대인 관계가 자기의 무의식에서 서로 연관되어 있고, 그것이 현실로 나타난다는 것을 잘 모르고 있었다. 처음 만나는 고객 앞에서는 고객이라는 생각 때문에 자신을 낮추었다. 하지만 회사에서는 자신이 상사이기 때문에 잘 보일 필요도 없었고, 자신보다 일을 못하는 사람들이라고 여기고 별로 대수롭지 않게 대했다. 그것이 결국 자기에게 화살이 되어 돌아올 것임을 모르고 말이다.

지사장이 물었다.

"그러면 지혜로운 처신은 뭡니까?"
"결과에 마음을 두지 않고, 맡은 일만 헌신적으로 하는 것입니다."

지혜로운 사람은 자기 업적을 돋보이게 하려고 애쓰지 않는다. '과거에 무엇 때문에 성과를 내지 못했다.' 또는 '과거에 무엇을 이루었다.' 등의 생각은 마음속의 기억일 뿐 정말로 존재하는 것이 아니다. '예전에 그랬었지'라는 자기만의 생각에 불과하다. 생각은 시시각각 변하며 남들과 똑같지도 않고 항상 옳은 것도 아니다. 따라서 지혜로운 사람은 자기 생각을 고집하지 않고, 더 큰 발전을 위해 자기 생각을 업그레이드시키는 데 집중한다. 그래서 지혜로운 사람은 과거로부터 항상 자유롭다.

인도의 고대 서사시 〈바가바드 기타〉에 보면 '행위의 결과에 마음을 두지 않고 하고자 하는 일에 헌신적으로 몰입한다.'라는 내용이 있다. 행위의 결과에 마음을 두지 않는다는 것은 과거의 성과에 집착하지 않고 자기의 업적을 자랑하지도 않으며 남들로부터 인정받기를 바라지도 않을 뿐만 아니라 업적의 내용에 집착하지도 않는다는 의미이다.

자기 행위에 대한 계산 없이 순수한 마음으로 자기가 맡은 일에 헌신적으로 몰입하면, 내적인 즐거움과 행복을 느끼게 된다. 순수한 몰입은 자기 생각을 원활하게 확장시키기 때문에 새로운 아이디어로 이어진다. 한 사람의 헌신적인 몰입과 내적 행복감은 주변 동료에게도 고스란히 파동으로 전해져서 다 함께 행복함을 느끼게 된다. 결과를 마음에 두지 않았음에도 맡은 일을 잘할 수 있게 되고 사람들과도 조화롭게 지내는 성공적인 결과를 이루게 되는 것이다. 그러나 지혜로운 사람은 성공적인 결과에 집착하지 않고, 다시 자기 일에 몰입한다.

🌱 '작은 나'에서 '더 큰 나'로

더 큰 자기를 만들어 가는 비결은 바로 거기에 있다. 순간적으로 '작은 나'를 만족시키는 뿌듯함과 우월함을 느끼기보다는 '더 발전한 나'를 위하여 늘 처음처럼 헌신적으로 몰입하는 것이다. 이것이 '내가 과거에 무엇을 이루었다.'는 생각 없이 행위 하는 것이며, 항상 자기 실력을 발휘하여 성공을 이루는 행위가 된다. 그렇게 함으로써 내적인 신선함과 싱싱함이 늘 솟구치게 되는 것이다.

지사장은 그동안 자신이 지혜롭지 못했다는 것을 인식하는 데 꽤 오랜 시간이 걸렸다. 평소 주위의 인정만 받아 온 그였기에 더욱 힘들어했다. 그러나 코칭이 점차 진행되는 동안 그의 생각에도 작은 변화가 일어나기 시작했다.

지사장은 코칭 이후 사장과 많은 이야기를 나눴다고 했다. 그리고 부하 직원들과도 이야기를 나눔으로써 자신의 모습을 돌아볼 수 있었다고 했다. 물론 자기의 부족한 점을 부하 직원이나 사장에게 듣는 것은 쉬운 일이 아니었다고 했다. 그러나 특유의 적극적인 성격으로 '이번 기회에 한번 바꾸어 보자.'라고 결심한 것이다.

지방 발령은 스스로 선택한 것이라고 생각을 전환했다. 미처 신경 쓰지 못한 동료와 부하들과의 정서적인 소통능력을 키우고, 그동안 자기가 해 온 일을 돌아보는 기회로 받아들였다. 그리고 '더 큰 나'를 위해 순간적으로 '작은 나'를 만족시키는 뿌듯함을 포기하는 노력을 계속했다. 자기를 과시하는 말이 하고 싶으면 속으로 혼자서 웃어 넘겼다. 대신에 부하 직원의 장점을 찾아 칭찬하고, 부족한 것이 보일 때면 훈계하지 않고 격려해 주었다.

그렇게 노력하다 보니 이전에는 미처 몰랐던, 드러나지 않지만 자기 일에 책임을 다하고 있는 부하 직원과 동료가 보였다고 했다. 놀라운 변화였다.

얼마 후 회사는 변화된 그를 본사 핵심 부서로 다시 복귀시켰다. 하지만 그 사실은 그에게 중요하지 않았다. 그는 동료와 부하 직원들의 소중함을 느끼며 일할 수 있게 된 것이 훨씬 기쁘다고 했다.

이렇게 '더 큰 나'로 발전하고 있는 지사장의 마음가짐이 자신을 계속 발전하게 하고, 조직을 조화롭게 이끄는 리더로 성숙하게 한 것이다.

의사소통 제대로 하기

소통은 기술이 아니다

자동차 부품을 생산하는 한 중소기업의 중간 관리자들을 대상으로 리더십 코칭을 실시한 적이 있다. 선정된 코칭 대상자 5명 중에는 6년 전에 경력직으로 입사하여 설계팀을 맡고 있는 하동민 부장이 속해 있었다. 만 50세인 하 부장은 책임감이 강한 편으로 오랜 직장생활 동안 요령 한번 피우지 않고 성실하게 일한 것을 무척 자랑스러워하고 있었다. 하지만 그는 원칙적인 성향이 강해 자기 의견을 직설적으로 표현하는 성격이었다. 또 종갓집 장손으로 자라면서 무의식적으로 배인 유교적인 관념이 깊이 자리 잡고 있었다.

🌿 소통하지 못하는 하 부장

하 부장은 자기가 무엇이든 사리에 맞게 잘 판단하는 편이라며 사장이나 임원들 못지않게 회사의 생산 전략이나 운영시스템 등에 대해 올바른 대안을 제시할 수 있다고 자부했다. 그런데 자기의 의견을 인정받거나 받아들여지는 경우가 적다고 불평했다. 하 부장이 말했다.

"제가 생각하는 것이 옳은데 사람들이 이해를 안 해 주니까 '내 뜻은 이게 아닌데 사람들은 왜 그렇게 생각할까?' 싶은 것이 많습니다. 제 생각에는 오히려 제가 더 개방적이고 폭넓은 생각을 한다고 봅니다. 저는 경력직으로 들어왔으니까 좀 더 객관적으로 볼 수 있는데, 차이가 나는 부분을 이야기하면 서로 조율이 잘 안 됩니다. 제 생각을 표현하는 능력이 부족해서 그런 건지, 대화의 기술이 없기 때문인지……."

그런데 하 부장의 상사나 인사담당자의 의견은 달랐다.

첫째로, 인사담당자는 하 부장이 조직에 대해 부정적인 시각을 가지고 있다고 판단하고 있었다. 회사의 혁신을 위해 새로운 제안을 하면 '해 보겠다'는 의욕보다는 주로 '안 된다. 그렇게는 못 한다'는 식의 부정적인 태도를 견지한다고 했다. 제안이 바람직하지 않다면 대화를 통해 발전적으로 풀어 가면 되는데, 터놓지 않고 속으로 자기 생각만을 고집하며 변화하려는 시도가 전혀 없다는 것이다.

둘째로, 부장으로서의 리더십이 부족하다고 평가했다. 부하들과 소통이 안 되고 동기부여를 하지 못할 뿐만 아니라 구시대적 사고방식을 강요하기 때문에 부하 직원들이 하 부장과 함께 일하는 것을 꺼린다고 했다. 가뜩이나 중소기업에서는 인력 채용이 쉽지 않은데, 하 부장 때문에 회사를 그만두겠다는 직원까지 생겨서 고충이 크다고 했다.

하 부장이 스스로에 대해 가지고 있는 인식과 회사 측에서 하 부장을 보는 인식에는 다소 차이가 있긴 했지만, 공통으로 해결 과제라고 생각하는 것은 '의사소통'이었다. 하 부장 스스로 대화의 기술이 없어서 그럴지도 모른다고 말할 만큼 그는 상사나 동료, 부하들과의 소통에서 어려움을 느끼고 있었다. 그런데 이는 하 부장의 생각처럼 단순히 대화의 기술이 부족해서 겪는 문제가 아니다. 소통은 자기의 무의식적 정서가 다른 사람의 그것과 교감 되는 것이기 때문에, 소통을 잘하려면 기술을 배우기에 앞서 자기의 사고방식과 마음상태를 바꾸는 것이 선행되어야 한다.

그는 순수하고 정직하다는 장점이 있는 동시에 '자기 생각이 옳다'는 신념이 다소 강했다. 다시 말해 다른 사람들의 의견을 인정해 줄 수 있는 유연함과 관대함이 덜 개발된 상태였다. 자기 뜻을 알아주지 않는다고 답답해했지만 사실은 그 또한 다른 이들의 뜻을 이해하려고 하지 않았던 것이다. 이는 카리스마 있게 일을 추진할 때에는 필요할 수 있지만, 하 부장처럼 지나치면 융통성이 없고 독선적인 태도로 나타난다.

폐쇄적인 의사소통 방식은 다른 사람들과의 불화를 일으킨다. 아랫사람이 자기 생각과 다른 제안을 하면 권위적인 지위로 묵살하고 자기 방식을 강요하기 쉽다. 또한, 윗사람의 지시나 의견을 무시하지는 못하지만 속으로 승복이 되지 않는 마음 때문에 부정적인 말투로 대답하거나 퉁명스러운 표정을 짓게 된다. 그래서 하 부장은 지금 상사들이나 부하들로부터 좋은 평가를 받지 못하는 불편한 위치에 놓이게 된 것이다.

즐거움과 조화로움 자체인 자기의 본질을 알면 하 부장이 겪는 소통의 어려움뿐만 아니라 관련 있는 대인관계에서의 문제들이 한꺼번에 좋아진다. 그런데 하 부장은 '마음'이라는 단어를 생소하게 느낄 만큼 의식에 대해 거의 생각해 본 적이 없었다. 이럴 경우 무의식에서 일어나는 생각의 변화 과정이나 깊은 의식으로서의 자기 본질을 설명하면 너무 어렵고 멀게 느낀다. 대신 마음의 수준에서 대인관계를 이해시키고 구체적인 실천 방법을 제시하는 것이 좋다. 자기도 모르게 경직되고 엄격하며 원칙적이던 성향이 유연해지고 관대해지기 시작하는 것이다. 물론 최종적으로는 자기의 본질을 인식할 수 있도록 도와야 한다.

🌿 진정으로 배려하기

나는 하 부장에게 자기 뜻을 이해해달라고 강요하지 말고 자기부터 다른 사람의 뜻을 알아주어야 한다고 말했다.

우리는 '상대방을 이해해야 한다. 상대방의 의견을 존중해야 한다.'라고 여기고 있다고 믿고 있다. 그런데 실제로 나의 의견과 다른 의견에 맞닥뜨리면 '그건 틀렸다. 잘못되었다.'라는 반응이 무의식적으로 튀어나온다. 자기가 옳다는 것을 인정받고 싶은 무의식적 습관이 자기도 모르게 형성되어 있기 때문이다.

이런 상태에서 발전하려면 우선 평온한 마음이 바탕이 되어야 한다. 진정으로 평온한 마음은 남에게 친절과 사랑을 베푸는 데서 시작된다. 직장인으로서 친절과 사랑을 실천하는 가장 좋은 방법의 하나는 상대방에 대한 배려이다. **진정한 배려는 상대방의 정서와 의견 자체를 존중하며, 상대방의 의사결정과 상대방이 그렇게 말한 동기까지 이해하고 긍정하며 포용하는 것**이다. 상대방이 어떤 의견을 제시했다면 그 의견은 그 사람의 사고방식으로 내놓을 수 있는 최고의 방안이다. 상대방 입장으로는 그 이야기가 옳아서 주장한 것인데, 듣는 사람이 단번에 아니라고 반박하면 상대방은 자기 의견을 설득시키기 위해 더 강하게 주장하거나 대화 자체를 거부하기도 한다. 상사는 반대하는 부하를 부정적이라고 보게 되고, 부하는 가능하면 반대하는 상사와는 대화하기 싫은 마음이 생기는 것이다.

그러므로 하 부장과 같이 소통이 어렵다고 느껴진다면 다른 사람의 의견을 들을 때 자기 기준으로 비판하지 말아야 한다. '그래. 그렇지. 그럴 수도 있겠네.'라고 수용하고 긍정해 주어야 한다. 나의 의견도 다른 사람이 볼 때 옳지 않을 수 있다고 생각한다면 다른 의견을 긍정적으로 보는 것은 어렵지 않다. 특히 부하가 상사에게 이야기할 때는 고심을 하고 최적의 의견을 말하는 것이므로 부하의 의견이 부족하더라도 면박을 주지 말아야 한다. 우선 '생각을 많이 했겠네. 수고했다. 그렇게 볼 수도 있지.'라고 격려하며 그 사람의 노력과 동기를 인정해 주는 것이 필수적이다.

내가 먼저 존중하기

상대방의 의견을 충분히 들어본 후 수긍이 되면 상대방의 의견대로 하면 되는데, 그렇지 않을 때에는 어떻게 이야기를 해야 할까? '그래도 이렇게 해.'라고 자기 의견을 강요하기보다 '그런데 말이야. 이렇게도 생각해 볼 수 있지 않겠어?'라고 의견을 묻는 방식으로 우회적인 표현을 하는 것이 좋다. 상대방은 자기 의견이 먼저 존중받았기 때문에 다른 사람의 의견도 존중하는 태도를 보인다. 자기 의견이 진지하게 이해받은 것처럼 다른 사람의 생각도 받아들일 마음이 갖추어지는 것이다.

이럴 때에 비로소 진정한 의사소통이 이루어지고, 그에 따라 창조적 아이디어, 문제 해결, 쟁점 합의 등과 같은 성과를 이룰 수 있다. 부하의 역량 개발을 도모하고 동기를 부여하는 리더십도 키울 수 있다. 중요한 것은 '형식'이 아닌 '진심'으로 대할 때 그 진심이 상대방에게 전해지고, 상대방도 그 말을 긍정적으로 받아들인다는 것이다. 만약 상대방에 대한 진심 어린 배려와 존중감 없이 형식적으로 존중하는 말투만 갖춘다면 상대방은 '내 말을 들어주는 척하면서 결국은 자기주장만 하는 거야.'라며 반감을 느낄 것이다.

하 부장은 이런 내용을 중심으로 다섯 차례의 코칭을 받은 후 회사에서 있었던 일을 이야기했다. 세 번째 코칭을 받은 다음 날, 부하 직원이 업무 보고를 하러 왔는데 그 내용이 형편없어서 순간적으로 "내가 지시한 건 이게 아니잖아. 이렇게 밖에못해?" 하고 야단을 쳤다고 했다. 그런데 그날 밤 집에서 곰곰이 생각해 보니 벌겋게 달아오른 부하의 얼굴이 떠오르면서 '나에게 보고한다고 열심히 만들었을 텐데······.'라는 미안한 마음이 들었다고 했다. 그래서 다음 날 출근하자마자 그 부하를 불러 '내가 생각해 보니까 네 이야기도 맞는 것 같다. 수고했다.'고 격려해 줬는데, 긴장되어 있던 부하의 표정이 환해졌다고 했다.

하 부장의 코칭이 끝난 후, 그 회사의 상사와 면담할 기회가 생겨 슬쩍 하 부장에 관한 이야기를 물었다. 그 상사는 하 부장이 코칭을 받은 후로 태도가 180도로 달라졌다고 했다. 새로운 아이디어를 공유하거나 추가 업무 지시가 떨어졌을 때 주로 '안 된다.', '못 한다.'라고 말하던 하 부장이 "예, 방법을 생각해 보겠습니다.", "대안을 찾아보겠습니다."와 같은 말을 자연스럽게 한다는 것이었다. 말로만 하는 것이 아니라 상사나 다른 동료의 생각을 진심으로 수용하려는 노력도 보인다고 했다. 상사의 이런 긍정적인 피드백을 하 부장에게 전하자 하 부장은 "제가 그랬나요?" 하고 놀라면서 스스로 그렇게 실천하고 있었다는 것을 뿌듯해 했다.

이처럼 상대방의 생각을 진실로 배려하고 존중하기 시작하면 내 마음에 나도 모르게 쌓인 '내 생각이 옳다'는 신념이 옅어지고, 상대방의 마음을 편안하게 만들어 소통을 원활하게 이끈다. 상대방의 의견부터 진심으로 수용하기에, 대화가 쉽고 잘 풀리는 것이다. 나아가 조건없는 즐거움이자 모든 것과 조화로운 자기의 본질로서 존재하면 소통을 포함한 대인관계 전체가 즐겁고 조화롭게 실현된다.

하 부장의 말투는 여전히 무뚝뚝하고 의사표현도 세련되지 않다. 그러나 지금 그의 대화에는 진솔한 마음과 배려가 가득하다. 이직률이 높은 그 회사에서 하 부장이 관리하는 팀의 이직률이 가장 낮아진 이유가 바로 여기에 있지 않을까?

나를 괴롭히는 사람과 친해지기

상대방을 인정해야 나도 인정받는다

혹시 지금 싫어하는 사람이나 같이 있으면 불편한 사람이 있는가? 그런 사람이 있다면 글을 읽기 전에 먼저 그 사람을 떠올려 보자. 그리고 앞으로 소개할 사례에 자기 상황을 대입하여 코칭 내용을 적용해 보자.

🍃 괴로운 회사생활

중공업 회사에 다니는 장승현 대리가 찾아왔다. 장 대리는 어두운 표정으로 상사인 팀장 때문에 회사생활이 너무 힘들다고 털어놓았다. 차장 말년 정도 되는 팀장은 목소리가 크고 직설적이며 화통한 성격이었다. 그래서 장 대리가 결제를 받을 때 말을 조리 있게 못 한다든지 보고서 내용이 미흡하게 느껴지면 다른 팀원들이 있든 없든 상관없이 결재판을 던지고, 큰 소리로 면박을 주거나 혼을 내는 경우가 많았다.

기분 나빠도 참고 싶지만 자기 성격 또한 팀장처럼 직설적이고 다혈질이라서 참기가 어려웠다. 상사가 보는 앞에서 얼굴이 붉어지고 기분 나쁜 표시가 여지없이 드러나곤 했다. 구겨진 얼굴로 내팽개쳐진 보고서를 주워들고 씩씩거리면서 자기 자리로 돌아와서는 책상 위에 결재판을 던져버리고 밖으로 휙 나가버렸다.

담배를 한 대 피우면서 마음을 추스른 후에 사무실로 들어와 다시 일하지만, 그런 상황이 자주 반복되니 '저런 인간이 어떻게 팀장일까? 팀장씩이나 된 사람이 저따위밖에 안 되나? 리더십이라곤 눈곱만큼도 없어.'라는 불쾌한 마음을 갖게 되었다. 문제는 그런 마음이 굳어진 이후부터 어떤 일을 하든지 팀장한테 질책을 받는 것이었다. '업무보고→질책→언짢은 표정→흡연실→제자리'로 이어지는 불편하고 괴로운 회사생활이 반복되었다.
장 대리가 말했다.

"팀장님을 안 볼 수도 없는데, 저를 너무 괴롭히시니까 정말 힘듭니다. 그렇다고 계속 이렇게 얼굴 붉히면서 생활하면 회사에서 저에 대한 인식이 안 좋아질 게 뻔합니다."

장 대리가 팀장과의 갈등을 겪고 불편하게 생활하는 이유는 장 대리의 마음에 있다. 자기의 생각이 수용되길 바라는 욕구, 인정받고 싶은 마음이 크기 때문에 다른 동료보다도 유독 팀장과 크게 부딪히는 것이다. 장 대리가 보는 팀장의 모습은 팀장의 전부가 아니다. 팀장도 집에 가면 훌륭한 가장이고 한 아내의 든든한 남편이며 아이들에게 존경받는 아버지이다. 또 부모님에게는 자랑스러운 아들이고, 회사에서는 탁월한 직원이다. 팀장이 된 것도 그만한 능력을 인정받았기 때문이다. 그러니까 장 대리가 인식하고 있는 팀장은 그의 일부분인데 그것을 전체로 보면서 불쾌하게 생각하는 것이다.

🌿 타인의 훌륭함을 진심으로 인정하기

이런 상황을 개선하기 위해서는 팀장에 대한 그의 생각부터 바꿔야 했다. 나는 그에게 한 가지만 실천하라고 했다. 마음에서 팀장을 훌륭한 사람이라고 진심으로 인정하는 것이다. 그러기 위해 마음속으로 '팀장님은 집에 가면 훌륭한 가장이고, 아버지며, 부모님에게는 훌륭한 아들이다. 회사에서는 훌륭한 팀장님이다.'라는 말을 계속 되뇌도록 했다. 나를 괴롭힌다고 생각하는 사람에 대해 훌륭하다고 인정하는 말이 진심에서 우러나오기 시작하면 관계는 점점 좋은 쪽으로 변하게 된다.

절실하게 해결 방법을 찾던 장 대리는 나의 조언을 곧 실천으로 옮기려고 시도했다. 그런데 문장이 처음부터 끝까지 술술 말해지지 않았다. 특히 훌륭한 팀장님이라는 표현은 마음으로 소리내기도 어려웠고, 인정하려 할수록 억울한 감정이 더 올라왔다. 왜냐하면, 장 대리에게 팀장은 '동료들 앞에서 나를 혼내고 지적하며 면박을 주는 괴팍한 상사'라는 생각이 더 자연스러웠기 때문이다. 그는 '어떻게 저런 사람이 훌륭한 팀장이야? 저런 사람과 관계를 좋게 할 수 있겠어?'라는 생각이 든다면서 팀장에 대해서 도저히 친화감이 느껴지지 않는다고 했다. 그렇게 2주가 지난 후에 장 대리가 찾아와서 다시 물었다.

"선생님, 아무리 모든 사람이 훌륭하다고 하지만 우리 팀장님은 아닙니다. 도저히 훌륭한 모습을 찾을 수가 없어요. 팀장님을 훌륭하다고 인정할 때마다 울컥하는 거부감이 듭니다. 꼭 이렇게까지 해야 하는 건지……."

장 대리뿐만 아니라 누구라도 그렇게 고민할 수 있다. 지금까지 해오지 않았던 생각을 자신의 의지로 해야 하니 거부감이 생기는 것이다. 그런데 그런 거부감은 **'새로운 생각에 대한 기존 생각의 저항 과정'**이다. 등산하지 않던 사람이 등산하고 나면 온몸이 아프다. 운동을 하지 않던 사람이 건강관리나 다이어트를 위해서 운동을 하면 처음 며칠간은 다리가 아프고 팔이나 어깨가 뻐근하다. 수학공식이나 어려운 지식을 습득할 때에도 어렵고 이해가 되지 않으면 처음에는 멍한 느낌이 든다.

눈에 보이지 않는 생각도 이와 마찬가지이다. 지금까지 해보지 않았던 생각들을 새롭게 하기 시작하면 기존에 있던 생각들이 새로운 생각을 거부하고 밀어낸다. 새로운 생각이 습관으로 자리 잡지 못하고 순간에 그치는 이유가 바로 여기에 있다. 누군가를 미워하고 싫어하던 생각을 좋은 방향으로 전환하려고 해도 무의식에 각인되어 있는 기존의 생각이 새로운 생각에 강하게 저항하기 때문에 더 탁월한 생각을 포기하고 싶은 마음이 올라오는 것이다.

🌿 지속적인 상상

무의식의 저항은 지속적인 상상을 통해서 이겨낼 수 있다. 근육이 아파도 좀 쉬었다가 등산을 계속하면 근육이 강해지고, 운동을 꾸준히 하면 탄력이 붙으면서 운동량도 늘어난다. 마찬가지로 좋은 생각을 중간에 포기하는 것이 아니라 **자기가 원하는 상태를 꾸준히 상상하면 탁월한 생각의 힘이 더 강해진다.** 무의식에 탁월한 생각이 녹아들면서 기존의 부정적인 생각들의 저항은 쉽게 흘려보낼 수 있다. 자연스럽게 상대방을 훌륭한 사람이라고 생각하고 받아들일 수 있게 되는 것이다.

지금 당장 눈앞에 있는 사람 때문에 괴로운데, 만족하는 상황인 것처럼 느끼라는 메시지가 비현실적이라고 생각하면 발전이 더뎌진다. 이는 마음의 과학이고 마음의 작동원리다. 일상적인 생각이 현실 안에서 이루어지는 과정을 세심히 살펴보자. 일상생활은 생각-실행-결과로 이어지는 자연스러운 정서, 즉 이렇게 생각하고 행동하면 결과는 자연스럽게 나타난다는 믿음에 따라 펼쳐진다.

따라서 장 대리에게 현재의 팀장 모습을 떠올리지 말고, 마음에서 팀장과 이미 잘 지내고 있는 것을 심상으로 뚜렷하게 느끼도록 집중하라고 했다. 심상으로 뚜렷하게 느끼라는 것은 사실이 아닌 어떤 상황을 막연히 상상하는 공상을 말하는 것이 아니다. 상상의 내용을 실재감이 일어나도록 자주 느끼는 것을 말한다. 이렇게 심상이 뚜렷하게 느껴지면 미워하는 사람을 훌륭하게 인정하려 할 때 저항의 느낌보다 마음으로 상상하는 내용에 대한 좋은 느낌이 편안하게 올라오기 시작한다. 그리고 그것은 곧 현실이 된다.

장 대리는 수첩에 '팀장님은 집에 가면 훌륭한 가장이고, 아버지며, 부모님에게는 훌륭한 아들이다. 회사에서는 훌륭한 팀장님이다.'라는 문구를 적어놓고 계속 읽고 보았다. 자연스럽게 그 내용이 자기 마음에 떠오를 때까지 끊임없이 중얼거렸다. 출근할 때 마음으로 '팀장님은 집에 가면 훌륭한 가장이고……'를 외우며 팀장에게 인사를 했다. 팀장이 자기를 부를 때도 문장을 빠르게 외우면서 움직였고, 결재를 받는 중에

혼이 나면서도 마음으로 계속 떠올리고 그 내용에 집중했다. 팀장을 볼 때마다 떠올리는 것은 물론이고, 혼자 있을 때에도 업무 중에도 쉬는 시간에도 화장실에서도 떠올리고 되뇌었다. 옆에 있던 동료가 '도대체 뭘 그렇게 중얼거리느냐?'고 물을 정도였다.

그렇게 6개월 정도가 지난 어느 날, 장 대리는 자기와 팀장의 관계가 좋아진 것을 발견했다고 전했다. 결재를 받으러 갔을 때의 상황이 예전과 달라졌다는 것이다.

"장 대리, 이건 좀 잘못된 거 아니야?"
"뭐가 잘못되었습니까?"
"이거 잘못되었잖아."
"아! 그러네요. 또 다른 건 없습니까?"
"없는 것 같은데."
"예, 알겠습니다. 바로 수정해 오겠습니다."

보고서에 오타가 한 글자만 있어도 혼내고 지적하던 팀장이 여러 군데 틀린 곳이 눈에 띄어도 차근차근 설명해 주면서 다시 해보라고 말했다는 것이었다. 그런데 알고 보니 장 대리에게만 대하는 태도가 달라졌고, 다른 직원들에게는 여전히 야단치고 혼을 내고 있었다고 했다.

이렇게 팀장의 태도가 달라진 이유는 장 대리의 마음이 변화했기 때문이다. 장 대리가 지속해서 '팀장님은 훌륭한 분'이라고 떠올리고 외우면서 무의식의 저항 과정을 뛰어넘게 되었고, 자기도 모르게 점점 팀장님은 훌륭하다고 진심으로 인정하게 된 것이다. 그러다 보니 팀장의 지적을 귀담아듣게 되었고, 팀장이 야단치거나 혼을 낼 때에도 팀장을 욕하기보다 가르쳐주는 팀장에게 고마운 마음까지 느끼게 되었다.

🌿 생각의 파동은 공명한다

한 사람이 다른 사람을 훌륭하다고 진심으로 인정하면, 그 사람의 의견과 말을 중요하게 여기고 수용하는 태도로 변하게 된다. '상사가 시키는 대로 하는 게 회사 생활에 좋으니까.'라는 계산된 충성심이 아니라 진실한 마음에서 우러나오는 충성심이 말과 행동으로 나타난다. 이런 태도의 변화가 상대방의 변화를 일으키게 된다.

이때 단순히 외면적인 태도의 변화가 상대방의 변화를 이끌어내는 것은 아니다. 더 깊은 마음의 세계를 보면 한 사람의 눈에 보이는 말과 행동의 변화가 상대방에게 인식되기 이전에, **자기의 마음에서 일어나는 탁월한 생각과 느낌이 상대방에게도 동시에 일어나기 때문에 관계가 좋은 쪽으로 변화되는 것**이다.

장 대리와 팀장의 경우에도 장 대리의 마음에서 일어나는 훌륭한 파동이 팀장에게서도 동시에 일어났기 때문에 팀장의 태도가 달라진 것이다. 마음의 세계를 잘 모르는 팀장은 '장 대리가 달라졌어. 실수도 반복하지 않고, 더 잘하려고 노력하는군.' 하고 눈에 보이는 장 대리의 변화를 인식하면서 더 잘해주고 싶은 마음이 생겼을 것이다. 이런 마음의 세계를 알든 모르든 사이가 좋지 않은 관계에서는 한 사람이라도 마음을 탁월하게 바꾸면, 그 탁월한 파동이 상대방에게도 동시에 일어나면서 더 좋은 관계로 발전하게 되는 것은 틀림없다.

장 대리는 이제는 팀장 때문에 회사에 다니는 것이 힘들지 않다. 오히려 팀장이 장 대리에게 더 잘할 수 있는 부분을 알려주고 독려해 주는 관계가 되었다. 마음이 편안하니 하는 일도 다 잘 되고, 팀장으로부터 업무 능력도 인정받게 되었다. 상대방을 인정하면 자신도 인정을 받게 된다.

우울한 가장의 행복한 가정 되찾기
탓하지 마라

'우울하다'는 정서는 기분이 가라앉아 활기가 없는 상태를 말한다. 침울하다거나 울적하다고 표현하기도 하는데, 슬픔이라기보다는 무거운 감정, 근심을 의미하는 경우가 많다. 넓게 보면 우울이라는 감정은 단지 기분이 가라앉은 상태에 국한되는 것만은 아니다. 같은 감정이라도 개인이 처한 상황과 개성에 따라 상실, 허무, 고독, 불안, 두려움, 외로움 등과 같은 다양한 느낌으로 표현된다. 어떻게 해야 우울함 때문에 파생되는 여러 가지 정서에서 벗어나 활기차고 희망차게 일할 수 있을까?

🍃 부부불화로 시작된 아들의 방황

작은 제조업체를 운영하고 있는 40대 후반의 한대식 사장은 가족을 위해 열심히 일하는 전형적인 가장으로 아무 문제가 없어 보였다. 그러나 멀쩡한 겉모습과는 달리 내면에는 시커멓게 타버린 마음이 턱하니 자리 잡고 있었다. 그는 10여 년 전부터 아내와의 다툼이 잦아지고 불화가 심해졌다고 했다. 퇴근 후 집에 가면 아내와 말다툼이 시작되었고, 큰 싸움으로 번지는 경우가 많아졌다. 어느 날 고등학생인 아들의 담임선생님께 전화가 왔는데, 유순한 줄로만 알았던 아들이 학교에서 상습적으로 주먹을 휘두른다고 했다. 이런 폭력성은 가정에서까지 드러나 아빠가 대화를 시도하면 아들은 조용히 있다가 갑자기 집안의 물건을 던지거나 부숴버렸다.

엎친 데 덮친 격으로 사업까지 어려워졌다. 어쩔 수 없이 직원을 줄여야 했기 때문에 그만큼의 일을 한 사장이 맡게 되었다. 사업의 고비야 이전에도 여러 번 있었지만, 사업이란 등락이 있는 것임을 잘 알기에 어려울 때면 더 열정적으로 일하면서 극복했다. 그런데 이번에는 좀 달랐다. 예전과 같이 온 힘을 다해 극복해 내고 싶은 마음이 들지 않는다는 것이었다. 매일같이 아침 6시에 출근해서 퇴근을 잊은 채 밤 늦게까지 일했지만 억지로 참고 하는 것일 뿐이었다. 한 사장이 말했다.

"아내는 부부 사이가 나빠진 것도, 아들이 문제를 일으키는 것도, 사업이 잘 안 돼서 가정경제가 어려워진 것도 모두 제 탓이라며 저를 원망합니다. 지금껏 가족들을 위해서 열심히 일만 하면서 살았는데, 왜 제 탓만 하는지……. 싸움이 더 커질까 봐 속으로 삭이고 말하지는 않지만, 아내도 잘못한 것이 많아요. 아들이 꼭 저 때문에 문제를 일으키는 것은 아니잖아요. 사는 게 아무 재미도 없고 기운이 하나도 없어요. 저는 우리 집에서 그냥 돈만 벌어다 주는 기계일 뿐입니다."

그는 자기도 모르게 갑자기 가슴이 턱 막힌 것 같은 답답함이 밀려왔다. 가족들과 한 지붕 아래 있어도 혼자 있는 듯이 외롭고, 계속 혼자일 것 같아서 두려웠다. 또 아들이 공부도 안 하고 부모에게 반발하는 것이 걱정되어 밤에 잠이 잘 오지 않았다. 2~3년째 이렇게 지내왔다는 그는 어느새 깊은 우울감에 빠져 있었다.

🌿 탓하지 말고 고마워하기

한 사장의 우울감은 꼬리에 꼬리를 물고 연속적으로 나타났다. 이런 우울한 생각의 흐름은 약으로 바꿀 수 있는 것이 아니다. 생각은 다른 생각을 할때 바뀌는 것이다. 여기서 다른 생각이란 자기의 평상시 생각보다 훨씬 강한 생각으로서 **자기가 지금까지 생각해 보지 못했던 통찰과 지혜가 담긴 스피리추얼(spiritual)한 생각**을 말한다. 스피리추얼한 생각은 개인의 무의식을 통찰하는 깊은 생각이기 때문에 의식의 세계를 공부하지 않은 개인이 스스로 해내기는 어렵다. 그래서 마음의 흐름, 생각의 흐름을 지혜롭게 통찰하도록 도와주는 스피리추얼 코치가 필요한 것이다.

나는 한 사장에게 먼저 아내를 탓하지 말라고 했다. 한 사장은 자기에게도 부족한 점이 있다는 것은 인정하지만, 집안에 닥친 모든 어려움의 원인을 자기에게 돌리는 아내에게도 잘못이 있다고 말했다. 자기를 스스로 돈 버는 기계라고 생각하는 것도 가족을 위해 열심히 살아온 자기를 알아주지 않는다는 가족들에 대한 섭섭함의 표현이었는데, 섭섭함도 따지고 보면 탓하는 마음에서 올라오는 느낌이다.

무엇 때문에 혹은 누구 때문에 삶에 의욕이 없고 답답하고 외롭다고 생각해서는 우울한 정서를 밝게 바꿀 수가 없다. 우선 '아내도 잘못했다'는 생각이 바뀌지 않으면 자기 마음부터 불편하다. '잘못했다'는 부정적인 생각과 느낌은 한 사장 본인의 마음에서 일어나기 때문이다. 마음의 불편함이 깊어지면 육체는 점점 나약해지고 현실은 점점 더 어려운 상황으로 흘러가게 된다. 그래서 누가 잘못했다고 탓하는 자기 마음부터 바꾸는 것이 삶을 변화시키는 기초이자 핵심이다.

나는 한 사장이 탓하는 마음을 전환할 수 있도록 '아내가 남편 탓을 하는 것은 남편이 잘못했기 때문이다. 아내에게는 아무런 잘못이 없다.'라는 사실을 인지시켰다. 바쁜 사업 때문에 가정을 잘 돌보지 못하는 남편을 대신해 가정을 지켜주고 아이들을 돌봐준 아내가 훌륭하고 고마운 사람이라는 것을 일깨워 주었다. 그리고 '아내는 훌륭하다.'라는 생각에 걸맞은 느낌이 일어날 때까지 아내의 훌륭함을 인정하는 연습을 계속하도록 권했다. 그러면 자기에게서 일어나는 '누가 잘못했어. 누구 때문이야.'라는 원망의 느낌이 훌륭하고 고마운 느낌으로 바뀐다. 상대방을 훌륭하게 인정하는 것이 처음에는 손해 보는 것 같지만 알고 보면 자기를 이롭게 하는 현명한 판단인 것이다.

한 사장이 말했다.
"아내에게 고마운 마음, 아내가 훌륭하다는 마음이 전혀 없는 것은 아닙니다. 그런데 100% 인정이 되지 않는 거죠. '아내는 무조건 훌륭하다'고 생각할 수 있을지 자신이 없습니다. 아마 잘 안 될 거예요."

🌱 미리 걱정하지 않기

그는 아내를 훌륭하게 보는 연습을 해보지 않고 안 될 거라고 미리 체념했다. 무엇이든 하지 않고 먼저 걱정하는 경향성이 여기서도 드러나는 것이었다. 그뿐만 아니라 아들이 더 나쁜 길로 빠질까 봐 염려했고 일에 대한 의욕이 없으면서도 회사 상황이 지금보다 더 나빠질까 봐 불안한 마음이 컸다. 무엇보다 가족들에게서 정말로 소외되고 외로워질까 두려워했다. 아직 벌어지지 않은 미래를 안 좋은 쪽으로 떠올리는 것이 습관이 되어 있었다. 미리 걱정하고 두려워하는 그에게 한 가지 일화를 들려 주었다.

한 워킹맘이 나를 찾아와 상담을 청한 적이 있다. 곧 둘째 아이를 출산하고 석 달 동안 휴직을 하는데, 어린 둘째를 키우기 위해 석 달 후에 또 휴직해야 할지 아니면 복직을 하는 게 좋을지 모르겠다는 것이었다. 나는 그녀에게 이렇게 대답했다.
"석 달 후에 결정합시다."

그녀는 미리 계획을 세우자는 의미에서 질문했지만, 그 질문 이면에는 직장과 육아와 건강에 대한 걱정이 전제되어 있었다. 걱정은 미래의 상황을 미리 나쁘게 생각하고 안 좋은 감정을 느끼는 것이다. 이는 자기 삶에 전혀 도움이 안 되는 불필요한 생각이다. 미래는 현재의 마음상태에서 창조되기 때문에 지금 자꾸 걱정하면 미래에 정말로 걱정할 만한 상황이 나타난다. 그래서 나는 그녀에게 걱정을 끊어버리라는 의미로 '석 달 후에 결정하자.'고 답을 해 준 것이었다.

우리의 생각은 시시각각 변하고, 현실은 그 생각에 따라 달라지는 것이다. 그러니 미래를 미리 걱정할 필요는 없다. 때마다 제일 나은 선택을 하면 된다. '안 될지도 몰라.'라는 생각이 올라오면 '아니야, 할 수 있어. 잘 될 거야.'라고 생각을 돌리고 가장 먼저 해야 할 것에 집중하면 된다. 그럴 때 걱정과 두려움은 없어지고 오히려 에너지가 더 강해진다. 내면에서 자신감과 확신이 커지기 때문에 더욱 현명한 생각고 적극적인 행동을 하게된다.

나는 한 사장이 생각을 전환할 수 있도록 자신감을 북돋아 주었다. '그게 될까? 안 될 거야.'라고 미리 단념하지 말고, 자주 훌륭하고 고마운 아내라 느끼면서 사랑으로 대하고 친절하게 배려하라고 했다. 먼저 다가가서 관심을 보이고 고마운 마음을 진심으로 꾸준히 표현하면, 머지않아 완강한 아내도 그 마음을 느끼게 되어 있다. 해보지 않고 습관적인 경향성대로 포기해 버리면 아무것도 변화되지 않는다.

또 회사 일을 할 때 자기가 할 수 있는 사소한 것부터 최선을 다 하라고 했다. 일의 양이 많다고 해서 '이걸 언제 다 할까?' 하고 막막하게 느끼지 말고, 하나씩 하나씩 집중하면 결국 다 해낼 수 있다. 성심성의를 다해 즐겁게 일하면 그에 상응하는 결과는 저절로 따라오기 때문에 일의 결과에 대해서도 미리 계산할 필요가 없다.

꾸준한 수련

마지막으로 그에게 새로운 생각들을 무의식에 녹아내리게 하려면 꾸준히 자기의 의식을 높이는 수련을 해야 한다고 강조했다. 많은 사람이 좋은 책을 보고 강의를 들으면서도 개선이 되지 않는 이유는 설명을 듣기만 하고 지속적해서 수련하지 않기 때문이다. **수련은 훌륭한 생각에 집중하는 것**이다. 자기 생각보다 훌륭한 메시지가 담긴 책을 보거나 탁월한 강의를 꾸준히 접하면서 자기의식이 그 내용에 젖어들어야 한다.

언제까지 해야 하는지, 어떤 결과가 될지 생각하지 말고 묵묵히 수련하면 마음이 점점 밝아지는 것을 확인할 수 있다. 나아가 수련이 익어갈수록 그토록 벗어나고 싶었던 외로움, 허무함, 두려움, 우울함은 자기가 만든 가상적인 감정임을 알아차리게 된다. 실재하지 않는데 자기가 꾸며낸 가짜의 느낌, 곧 환상임을 통쾌하게 깨닫는 것이다.

한 사장은 '아내는 훌륭하다. 아들도 훌륭하다. 내 일만 즐겁게 하자. 할 수 있다.'라는 생각에 집중하려고 노력했다. 밖으로 향해 있던 마음을 안으로 돌려 자기 마음에서 훌륭한 생각이 일어나도록 수련하였다. 좋은 생각으로의 주의를 잃지 않기 위해 중요한 메모나 코칭의 내용을 되뇌고 아침저녁으로 고요히 명상하는 시간을 가졌다. 때로 이렇게 노력하는 자기를 아내가 전혀 몰라주는 것 같아 섭섭한 마음이 들었지만, 코칭 내용을 상기하며 아내의 훌륭함과 고마움을 느끼는 데 계속 몰입했다. 이렇게 자기 내면으로 집중하자 마음이 평안해지는 것을 조금씩 느낄 수가 있었다.

그렇게 집중하기를 1년 반, 한 사장의 마음에 있던 우울한 생각의 흐름이 변화하기 시작했다. 전과 다르게 긍정적이고 밝은 느낌을 자주 느끼며 생활에 활기가 생겼다고 했다. 자신을 탓하는 아내를 한 사장도 탓했었는데, 지금은 아내가 참 훌륭하고 고맙다고 했다. 아내와의 관계가 많이 개선되어 아내도 남편을 탓하는 말을 거의 하지 않고, 눈도 안 마주치던 식사시간에 얼굴을 보고 대화를 나누게 되었다고 했다. 또한 아들도 문제를 일으키지 않고 학교생활을 잘하고 있다고 했다. 자기 생각에서 벗어나고자 꾸준히 수련한 한 사장의 진심이 가족의 변화를 이끌어 낸 것이다.

힐링 원칙 II 나를 알아주기를 바라지 마라

- 대부분의 사람은 자기가 잘한 일을 인정받고 싶어한다. 누군가를 도와주고 나면 상대방이 고마워해 주기를 바란다. 열심히 일하는 것을 회사의 상사가 알아채길 바라고 성과에 대해서는 보상이 주어지길 원한다. 가족들을 위해 고생하고 있다는 것을 배우자와 자녀가 알아주길 바란다.

- 반대로 자기가 잘못한 일은, 그 원인을 다른 것에 돌리고 자기에게는 아무 잘못이 없다는 것을 증명하려고 애쓴다. 스트레스를 받고 마음이 괴로울 때는 자기 마음을 남들이 공감해 주길 원한다. 자기가 잘하든 못하든 그 상태의 자기 마음을 남들이 알아주길 바라는 것이다.

- 자기를 알아주기를 바라는 마음, 이것이 바로 가정이나 회사에서 스트레스를 받고 사람들과 불화를 겪는 주요한 원인이다. 나를 알아주고 이해해 주었으면 하는 이기적인 욕구가 채워지지 않으면 자기 욕구를 채워주지 않는 대상을 비난하고 탓하는 것이다. 때로는 섭섭한 마음이 깊어져 원망하고 억울한 마음으로 번지기도 한다.

- 만약 누군가가 자기를 알아주지 않고 비난하거나 때로 곡해된 소리를 한다면,

거기에는 분명히 자기로부터 시작된 이유가 존재한다. 이때 자기 성찰도 없이 자기를 알아주지 않는다고 억울해하며 자기의 입장만 주장해서는 본인이 발전하기가 어렵다. 억울함을 밝히려는 것은 자기 합리화이며, 내면에 원망하는 마음을 강화시킨다. 마음에서 원망을 한번 일으키면, 그다음에도 원망하는 마음을 일으키기 쉽고 잘 없어지지도 않는다.

- 남이 나를 알아주길 바라지 마라. 그런 것들은 자기의 어리석은 에고를 더 증장시킬 뿐이다. 자기가 먼저 남을 훌륭하게 인정해 주고 이해해 줘야 한다. 정말로 그렇게 하면 기대하지 않아도 남도 나를 알아주고 친근하게 인정해 줄 것이다.

• 힐링원칙 Ⅲ •

곤란과 장애를
보지 말고
본질을 인식하라

대인관계 갈등 해소하기

진짜 옳은 것을 알 때 잘못된 것이 버려진다

IT 관련 기업에서 프로그램 개발을 담당하고 있는 한수혁 과장이 코칭을 받으러 왔다. 그는 차장 진급을 앞두고 2년 연속 고배를 마신 상태였다. 그의 말에 의하면, 성과로만 따지면 승진을 못 할 이유가 없는데도 2년 연속 승진 대상에서 제외되었다고 했다. 이유를 생각해 봤는데 아무래도 원만하지 않은 대인관계 때문인 것 같다고 했다.

🌱 일에 대한 완벽주의

한 과장과 대화를 나누어 보니, 그는 순수하고 자기 일에 열정이 넘치는 사람이었다. 완벽주의적인 성향은 업무의 완성도를 높이는 장점으로 작용했지만, 반대로 자기의 의견이 옳다고 믿는 경향이 심하여 같이 일하는 사람들과 조화롭게 어울리지 못했다. 자기 생각과 다른 의견을 잘 받아들이지 못했고, 주로 상대방이 자기 의견을 수용하도록 강요하는 편이었다. 상대방의 언행이 마음에 들지 않거나 때로 기분이 언짢으면 자기의 기분대로 표현할 때가 많았다. 한 과장이 말했다.

"동료들과 함께 일해 보면 잘못 생각하는 것들이 정말 많습니다. 회사 일이니까 동료가 잘못 생각하는 것을 그냥 넘어갈 수 없지 않습니까? 그래서 '옳은 방법은 이것이다.'라고 말했을 뿐인데, 상대방은 기분 나빠합니다."

누구의 의견이 옳고 그름을 떠나 내가 상대방에게 어떤 내용을 말할 때 그 사람이 기분 나빠한다면 그것은 최선이 아니다. 그러나 한 과장은 상대방이 어떻게 느끼는 것보다 잘못된 생각을 바로잡아서 일을 잘 해내는 것이 더 중요하다고 믿고 있었다. 그의 무의식에는 '내 생각이 옳은 거야. 상대방이 잘못하면 똑바로 잡아야 해. 내 감정을 드러내서라도 상대방의 의견을 돌려놓아야 해.'라는 신념이 있었다. 물론 한 과장 자신은 이를 모르는 채 자기의 의견을 상대방이 받아들이지 못하면 언짢은 표시를 내면서 강압적인 태도를 취했던 것이다.

한 과장처럼 상대방이 싫어하는 데도 자기의 거친 생각을 그대로 주장하면 대인관계가 어려워진다. 한 과장은 더 너그럽고 관대하게 표현할 수 있는 능력이 있는데, 순간적으로 화가 나거나 언짢을 때 '화를 배출해야 해. 언짢은 것을 표현해야 해.'라고 판단해왔다. 그저 자연스럽게 올라오는 자기 성격대로 해왔던 것이다. 인격도야가 되지 않은 자기 성격과 판단을 그대로 표출하는 것은 잘못이다. 다시 말해 무의식에 형성된 제한적인 신념대로 행하는 것은 큰 착각이다. 따라서 대인관계에서의 장애를 없애려면 착각에서 벗어나야 한다.

착각에서 벗어나려면

나는 한 과장에게 꽃잎을 피로 착각한 어린아이의 이야기를 들려주었다.

시골에 사는 꼬마 여자아이가 들에서 뛰어놀다가 돌부리에 걸려 넘어지고 말았다. 아이는 무릎이 까져 피가 나는 것을 보고, 그만 들판에 주저앉아 큰 소리로 울기 시작했다.
"으앙~!"
한참 울던 아이는 손으로 무릎에 붙은 모래를 털고 피를 닦으려고 했다. 그런데 피를 조심스레 닦던 아이가 갑자기 울음을 뚝 그쳤다. 자세히 보니 피가 나는 것이 아니라 빨간 꽃잎이 붙어 있었던 것이다. 피가 아니고 꽃잎이라는 걸 알게 된 아이는 언제 울었냐는 듯이 엉덩이를 툭툭 털고 일어나 집으로 돌아갔다.

아이가 꽃잎을 피로 착각했을 때에는 피가 나면 아픈 것이라는 생각 때문에 자기도 모르게 아픈 감정이 일어나 큰 소리로 울었다. 그런데 피가 아니라 꽃잎임을 알았을 때 순간적으로 '아픈 게 아니구나.' 하고 울음을 멈추었다. 피로 착각했던 것을 꽃잎이라고 제대로 보았을 때 울음을 멈추었던 아이와 같이 어떤 사건을 잘못 알고 있다가 바르게 알았을 때에는 태도가 바뀌게 된다.

마찬가지로 대인관계에서도 **'대인관계의 본질이 무엇인가를 분명히 인식할 때'** 착각에서 벗어날 수 있다.

대인관계의 본질은 바로 '조화로움'이다. 조화로운 대인관계가 올바른 대인관계이다. 조화로움은 내가 하나를 양보할 때 상대방도 하나를 양보해 주어서 만들어지는 계산적인 것이 아니다. 조화로움은 상생정신(win-win 정신)을 바탕으로 한다. 나 자신과 상대방의 마음을 모두 행복하고 편안하게 하는 상생의 마음이 바탕이 되어야 거기서 일어나는 생각이 항상 옳다. 그렇지 않으면 개인의 이기심이 작용하기 때문에 옳지 않은 것을 옳다고 착각할 수 있다. 이기적인 욕구는 나 자신과 상대방의 인격을 승화시키지 못한다.

자기의 생각과 행위는 모두 무의식에 비롯되는데, 상대방에게 화살을 돌리면 자기의 무의식에는 상대방을 탓하는 기분 나쁜 정서가 쌓인다. 이것이 누적되면 무의식에는 부정적인 정서가 고착되고, 자기의 언행은 개선되지 않는다. 상대방의 입장에서도 마찬가지다. 비록 잘못이 있었다고 할지라도 자기를 탓하는 말을 듣게 되면 기분부터 나쁘고, 잘못에 대한 반성 없이 자기를 탓하는 사람을 똑같이 탓하게 된다. 결국, 서로가 사는 것이 아닌 자기만 살겠다는 마음은 나와 상대방 모두의 무의식을 부정적으로 강화시키고 관계를 불편하게 만들며 업무에도 안 좋은 영향을 미친다.

결론적으로 나와 상대방 모두를 만족하게 하는 조화로움이 아닌 것은 다 착각이다. 여기서 말하는 만족은 서로의 입장을 진심으로 듣고 다른 의견을 충분히 이해하면서 합일된 결론을 이끌어 내는 것이다. 또한 부드럽고 편안한 대화 속에서 서로에게 가장 현명한 대안을 찾아내는 것이다. 이러한 상생정신을 마음의 중심에 두고 생활할 때 습관적인 착각에서 벗어남과 동시에 내가 만든 대인관계에서의 장애를 초월할 수 있다. 물론 이렇게 설명을 들었다고 해서 곧바로 조화로운 상생정신을 실천하기는 어렵다. 오랫동안 다른 사람을 향해 있던 비판의 시선을 내면으로 돌리는 것부터 시작해야 한다. 그래야 자기 마음에서 우러나오는 상생정신을 발현할 수 있다.

🌿 조화로운 상생정신

나는 한 과장에게 우선 '자기반성'을 실천하라고 일러주었다. 자기반성이란 사람들과의 관계에서 의견이 충돌하거나 얼굴을 붉히게 되었을 때 다른 사람을 탓하지 않고 자기를 되돌아보는 것이다. 나아가 자기에게 본래 있는 상생정신을 일구어내는 것을 말한다.

예를 들어 상사의 업무 지시를 제대로 이행하지 않는 직원들이 종종 있다. 이 경우 상사는 부하 직원이 자기 말을 비중 있게 듣지 않고 자기 자존심을 건드렸다고 느낄 수 있다. 이런 생각과 느낌은 자기도 모르게 직원을 혼내고 무능함을 탓하며 자기의 권위를 내세우는 태도로 나타난다.

이런 경우, 자기반성을 먼저 실천하는 것이 중요하다. 오히려 자기가 업무 지시를 부정확하거나 불분명하게 한 것은 아닌지, 그리고 상대방을 진심으로 존중했는지 반성하라는 것이다. 이것이 바로 자기의 정화되지 않은 무의식을 상생정신으로 바꾸는 기초가 된다.

다른 모든 상황에서도 '자기반성'은 에고에서 올라오는 불편한 느낌을 전환하는 기회가 된다. 이전 같으면 순간적으로 감정을 처리하고 말았을 상황에서 '내가 무엇을 놓쳤는지, 내가 한 실수는 무엇인지, 내가 더 잘했어야 하는 게 무엇인지'와 같은 자기반성의 생각을 떠올리면 자기 발전의 계기가 마련된다.

단, 자기반성은 그 상황에서 깊이 있게 한 번만 하면 된다. 자기가 잘못한 것을 계속 생각하면 자기 마음에 '잘못하고 있다'는 생각이 고정된다. 그러면 또다시 잘못을 반복할 가능성이 높아진다. 자기 마음에 잘못된 행위가 각인되기 때문이다.

 반성을 진실하게 한 후에는 곧바로 자기가 정말로 원하는 관계, 그러니까 상생정신이 잘 발휘되어서 의견 충돌을 조화롭게 해결하고 일이 잘 돌아가는 상황에 집중해야 한다. 부드럽게 말하고 관대하게 수용하며 조화롭게 이끌어가는 모습을 그리고, 자기에게 갖추어져 있는 좋은 성품이 최대한으로 발휘되는 것을 느끼는 데에 몰입하는 것이다. 조화로운 상생정신이 생생하고 실감 나게 느껴지도록 꾸준히 반복하는 것이 중요하다.

 지금 내가 반복적으로 떠올리는 생각이 다가올 나의 현실이기 때문에, 무엇을 개선하고 싶다면 이미 되어 있는 상황에 자기 마음을 모아야 한다. 그 과정에서 순간 과거의 자기 성격이 드러난다고 해도 포기해서는 안 된다. 이미 변화되어 있는 자기 모습을 끊임없이 상상하고, 그때의 느낌으로 현재 사람들과의 관계에 몰입해야 한다. 그러면 상생정신에 입각한 관대하고 조화롭고 상대방을 위하는 마음이 자연스럽게 느껴지기 시작한다. 처음에는 의지적으로 일으켰던 자기의 훌륭한 성품이 자기의 일상적인 정서로 형성되는 것이다.

 울던 아이가 피라고 착각했던 것을 꽃잎이라고 제대로 보았을 때 울음을 멈추었듯이, 상생정신을 바탕으로 하지 않는 미성숙한 성격에서 일어난 생각이 바로 착각이다. 그 착각은 상생정신이 올바르게 느껴지면 비로소 버릴 수 있게 된다. 한 번 더 강조하건대, 잘못된 것을 버려야 옳은 것을 얻게 되는 것이 아니다. **옳은 것이 어떤 것임을 분명히 알았을 때 잘못된 것이 버려지는 것**이다. 올바른 생각이 반복될수록 이기적인 생각이 사라진다. 그것은 자기의 무의식이 정화되는 것이며, 자기의 무의식이 정화될수록 현실이 탁월해지고 행복해진다. 상생의 성품을 즐겁게 일구어 내고 있는 한 과장의 승진 소식이 곧 들려올 것 같다.

원치 않는 조직개편에 초연하기

회사는 고마움, 일은 즐거움이다

직장생활에서 곤란을 겪는 원인 중 하나가 조직개편이다. 조직의 변화는 직장인에게는 매우 민감한 일이다. 상황에 따라 팀이 없어지거나 신설되기도 하고, 통합되기도 한다. 개인은 승진에서 빠지기도 하며, 새로운 보직에 따라 일의 의욕을 더욱 느끼기도 한다. 그래서 조직개편 전에는 직장인들의 마음이 들떠있기 쉽고 일에 집중하지 못한다. 문제는 그 결과가 자기가 원하는 것과 다를 때 발생한다. 고민과 갈등이 생기고, 사기가 저하되기도 하며, 심지어는 퇴직까지 생각해 보기도 한다. 그렇다면 원하지 않은 조직 개편 결과를 어떻게 받아들이는 것이 좋을까?

🍃 원치 않는 인사발령

대기업 서울 본사에서 근무하고 있는 강명찬 과장이 나를 찾아왔다. 그가 말하기를 갑자기 전혀 연고도 없는 창원으로 발령이 났는데, 더군다나 한 번도 해보지 않은 영업 업무를 맡게 되었다는 것이다. 상사는 그에게 경력을 쌓을 좋은 기회이고, 또 잘되면 승진하는 데 도움이 될 수 있다며 그를 설득했다고 한다. 그러나 그는 그렇지만은 않은 상황을 잘 알고 있었다. 팀에서 인원 한 명을 줄여야 했는데, 희생양으로 강 과장이 선택된 것이었다. 그래서 그는 '회사를 그만두라는 뜻인가?'라는 생각까지 들었다.

회사에 대한 불만도 있었지만, 그보다도 강 과장은 영업팀에서 일을 잘할 수 있을지 두려움이 앞섰다. 영업은 자기 성향에 맞지 않는다고 생각해 왔기 때문에 더욱 자신감이 없어졌다. 또 맞벌이하는 아내 혼자서 초등학교 1학년인 큰 아이와 이제야 걷는 둘째 아이를 돌볼 수 있을지도 걱정이 되었다. 지방에 계신 부모님을 모시고 와서 양육을 부탁드릴 형편도 아니었다. 아파트를 사고파는 문제나 아내의 직장을 고려하면 창원으로 이사하는 것은 단념해야 했다.

"비로소 안정되었는데, 다 틀어졌습니다. 팀장님과 상담할 때만 해도 '나는 아니겠지.'라고 생각했는데, 어떻게 이런 결정이 났는지……. 지금까지의 인사발령 중에서 이렇게까지 곤란한 경우는 없었습니다."

강 과장처럼 감당하기 어렵다고 느끼는 인사발령 앞에서는 여러 가지 고민을 하게 된다. 그런데 조직개편이라는 것은 마음에 들 때도 있고 아닐 때도 있다. 자기를 더 큰 사람으로 키우려면 그 결과가 좋든 나쁘든 관계없이 회사의 결정에 초연해질 수 있어야 한다.

혼란 속에서 초연해지기

초연(超然)하다는 말은 '어떤 현실 속에서 벗어나 그 현실에 아랑곳하지 않고 의젓하다.'라는 의미이다. 우리는 혼란이나 쟁의나 세간의 떠들썩함과 같은 불안정한 현실 가운데에 있으면서도 흔들리지 않고 중심을 잡는 사람들을 초연한 사람들이라고 부른다. 돈이 적든지 많든지, 권력을 잡았든지 못 잡았든지, 인정을 받든지 못 받든지에 관계없이 자기에게 맡겨진 책임을 묵묵히 다하는 사람들에게도 '초연하다'는 표현을 쓴다. 다시 말해 보통의 사람들이라면 휩쓸리고 혼란스러울 상황에 있으면서도 어떤 흔들림도 없이 의젓한 마음을 지키는 것을 초연하다고 표현하는 것이다.

이는 내버리고 돌아보지 않는 방기(放棄)도 아니고, 하려던 일을 도중에 그만두는 포기(抛棄)도 아니다. 주위 상황이 어떻든 마음의 중심을 잃지 않고, 내면의 유유자적함을 느끼는 것이다. 이런 의미에서 조직개편에 초연해진다는 것은 회사의 결정에 대한 불편하고 섭섭한 느낌을 모른 척하는 것이 아니라, 그런 마음으로부터 초연해지는 것이라고 할 수 있다.

평범한 직장인이 불만스러운 조직개편 앞에서 곧바로 초연하기는 쉽지 않다. 대부분의 사람이 '어쩔 수 없잖아. 괜찮아지겠지. 곧 적응될 거야.'라며 자기 위로의 수긍을 한다. 이런 수긍이 정말로 집착을 떠난 순수한 것이라면 초연해질 수 있다. 하지만 수긍의 표현 이면에 '다음에 기회가 올 거야. 다음에는…….'이라는 기대를 숨기고 있는 경우가 많다. 불만족스러운 결과에 대해 '괜찮아. 다음이 있겠지.' 하고 수용하면 마음이 편안해진 듯이 느낀다. 그러나 자기 안위와 보상에 대한 집착이 무의식에 잠재되어 있기 때문에 조직개편 때마다 뒤숭숭한 분위기에 휩쓸려 일에 집중하지 못하고, 기대와 걱정 속에 시간을 허비하게 된다.

조직개편에 초연한 사람은 순간적으로 마음이 불편하고 걱정이 생기더라도 이내 마음을 긍정적이고 밝게 전환한다. 어떤 결과에도 아랑곳하지 않으며 의젓하고 편안하게 즐거움을 유지할 수 있다. 초연한 사람은 조직개편의 결과가 마음에 든다고 하여 들뜨지도 않고, 마음에 들지 않는다고 해서 불만스러워하지도 않는다. 오로지 자기 할 일에만 전념한다. 자기가 이룬 성과에 대해서 남들이 알아주기를 바라지도 않는다. 그저 늘 자기 일에 즐겁게 몰입할 뿐이다. 이렇게 초연한 마음을 가지는 것이 불만스러운 조직개편에 지혜롭게 대응하는 최고의 방법이다.

문제는 어떻게 마음이 초연해질 수 있느냐이다. 강 과장은 초연이라는 말이 자기에게는 해당되지 않는 말이라고 느꼈다. 그림의 떡처럼 멀리 느껴지는 것이었다. 그러나 모든 일이 그렇듯이 자기의 생각을 도구로 드러난 상황의 본질을 통찰하면 가능하다. 파도치는 조직생활에서 초연해지려면, 이런 회사와 일의 본질이 무엇인지 새롭게 생각해봐야 한다.

🍃 회사의 본질은 무엇일까?

강 과장에게 직장은 눈 뜨면 나가야 하는 곳, 월급을 받는 곳, 그러나 능력만 되면 그만두고 싶은 곳이었다. 입사 초기에는 일을 통해 나를 실현해 보겠다는 포부도 있었지만, 시간이 갈수록 그 포부는 옅어지고, 특히 결혼 후에는 더더욱 현실에 매여 매달 들어오는 월급만 보며 살아야 했다.

강 과장만 그런 것은 아니다. 회사를 마지못해 다니는, 돈을 벌기 위한 수단으로서 생각하는 직장인이 대다수이다. 회사에 있으면 공연히 어깨가 무겁고, 회사가 나를 알아주지 않는다는 섭섭함이 들기도 하고, 나의 에너지를 고갈시키는 느낌이 든다고들 한다. 그런데 회사를 가족을 부양하기 위한 일터라든가 피동적으로 맡겨진 일만 하는 곳이라고 생각해서는 본인에게 아무런 도움이 되지 않는다.

회사는 자기의 능력을 개발시켜 주는 곳이며, 사람들과 조화롭게 협조할 수 있는 환경을 제공해 준다. 표면적으로 회사가 난관을 주는 것 같아도 결국 자기 능력의 한계를 돌파하여 발전할 수 있도록 도와준다. 물론 기초적으로 생활에 필요한 급여를 꼬박꼬박 제공하며, 다양한 복지 제도도 마련해 놓고 있다.

이외에도 회사가 고마운 이유를 찾아보면 여러 가지가 있다. 아침에 출근할 곳이 있는 것 자체가 고마운 일이고, 생활 전반을 지탱해 주고 있으니 고마운 일이다. 나에게 일을 맡겨 주니 고맙고, 나를 믿고 책임감을 부여해 주는 것도 고맙다. 물질을 받는 것으로 고마움을 느끼는 것은 아주 작은 고마움일 뿐, 내가 마음을 열고 찾아보면 그보다 더 큰 고마움들이 쏟아진다. 그러니 월급을 받는 날에만 잠시 고마워할 것이 아니다.

강 과장에게는 영업에 대한 두려움을 깨뜨릴 기회가 생긴 것이다. 또 자기에 대해 선입견이 없는 새로운 동료들과 일할 수 있는 것도 자기 능력을 개발하는 데 도움이 된다. 팀장의 말을 긍정적으로 받아들이면 승진하는 데 좋은 경력을 쌓는 기회가 될 수 있다. 한편으로 가족과 멀리 떨어져 사는 것이 처음에는 불편하겠지만, 곧 익숙해질 것이고 이 기회에 가족 간의 돈독한 사랑과 믿음을 더 깊이 느낄 수도 있다.

결국, 회사의 본질은 '고마움'인 것이다. 이토록 자기 능력을 더 키울 기회를 주며, 삶의 영역을 더 넓히고, 새로운 경험을 할 수 있도록 도와주는 회사가 고맙지 않을 수 없다. 회사를 고맙게 느끼는 것이 진취적이며 조직개편에 초연한 마음이다. 회사의 모든 것이 고마우면, 어떤 곤란한 상황에서라도 불편한 심기를 긍정적이고 진취적으로 전환할 수 있다.

🌿 일의 본질은 무엇일까?

강 과장에게 일의 본질을 물었다. 그는 대번에 '일은 하기 싫은 것이지만 가장으로서 돈을 벌기 위해 할 수밖에 없는 것'이라고 대답했다. 로또가 당첨된다면 당장 지금의 일을 접고 하고 싶은 일을 찾아 떠나고 싶은 마음이라고 했다.

그런데 일이란 무형의 것으로서 규정하기 나름이다. 전화하기도 하고, 사람을 만나기도 하며, 문서를 작성하기도 한다. 그리고 인터넷에서 필요한 정보를 찾기도 한다. 우리는 이런 것들을 일이라고 하는데, '이런 것'들을 즐기면 '이런 것'들이 나를 즐겁게 한다.

여기서 일이라는 무생물이 나를 즐겁게 한다는 것은 '일의 본질이 즐거움'이라는 나의 관념에서 시작된다. 일이란 즐거운 마음으로 하는 것이고 일을 한다는 것이 즐거움이라는 느낌으로 연상되어야 일이 나를 즐겁게 하는 놀이라고 느낄 수 있다. 일이 즐거운 놀이일 때는 일의 과정만으로도 자기에게 충분한 보상이 된다. 이미 즐거움을 누리고 있기 때문이다.

그 대표적인 예로 1983년 10월 여성으로서는 최초로 노벨생리의학상을 수상한 바바라 매클린톡을 들 수 있다. 그녀는 노벨상 수상 소감에서 다음과 같이 말했다.

> "나 같은 사람이 노벨상을 받는 것은 참 불공평한 일입니다. 옥수수를 연구하는 동안 나는 모든 기쁨을 누렸습니다. 몹시 어려운 문제였지만, 옥수수가 해답을 알려준 덕분에 이미 충분한 보상을 받았거든요."
>
> _바바라 매클린톡(1902~1992), 옥수수 학자

이런 탁월한 이야기가 누구에게만 해당되는 것은 아니다. 평범한 샐러리맨이라도 일의 본질을 바라보기 시작하면 일하는 각 과정을 즐길 수 있다. 어떤 성과나 인정을 목적으로 일하는 것이 아니라 일 자체에만 완벽히 몰입할 수 있는 것이다.

🌿 자기 일에 즐겁게 몰입하기

강 과장은 조직개편 때문에 겪는 스트레스에서 벗어나기로 했다. 먼저 '회사는 고마움이고, 일은 즐거움이다.'라고 선언했다. 그리고 어렵

게 취업한 후 의욕적으로 생활하던 신입사원 때를 떠올리며 초심으로 돌아가겠다는 다짐도 했다. 이런 변화의 결심만 했는데도 편안한 마음을 느낄 수 있었다. '초연해지면 좋을 텐데…….'라는 막연한 생각이 아니라, 본질이 무엇인지 알면서 불편한 마음이 사라지고 자연스럽게 초연한 상태가 된 것이었다.

발령지로 내려가 새로운 생활을 시작한 그는 직장과 일에 대한 새로운 선언을 써서 보이는 곳마다 붙여 놓았다. 그리고 틈이 날 때마다 마음으로 읽으면서 자기가 일을 정말로 즐겁게 하고, 회사에 고마워하는 모습을 상상했다. 누구보다 영업을 즐기고 잘하는 모습, 동료와 친밀하게 지내는 모습, 회사에 출근할 때 기뻐하는 모습들을 떠올리며 그 느낌에 젖어들었다.

그런 마음으로 일하니 실제로 자기가 예상했던 것보다 훨씬 더 빨리 새로운 업무에 적응하였고, 주위 동료들과도 금방 친해질 수 있었다. 고객사를 만나는 일에 대한 부담감도 점점 줄었고, 나중에는 즐겁게 느끼는 경우가 많아졌다. 그리고 주말가족 생활이 걱정했던 것보다 힘들지 않다는 것도 체험할 수 있었다. 아내와의 관계가 연애 시절로 돌아가는 것처럼 느껴지기도 하고, 아이들과 함께하는 시간을 전보다 더 소중하게 보내며, 아빠의 역할을 다시 깨닫기도 했다.

이처럼 생각을 전환하여 숨겨진 자신의 능력을 발휘하는 그의 이야기가 특별한 사람들만의 이야기는 아니다. 평범한 강 과장이 실현하고 있듯이 하려고만 하면 누구라도 고마운 직장에서 즐겁게 생활을 할 수 있다. 거친 바람이 불든 미풍이 불든 상관없이 말이다.

자녀가 문제를 일으킬 때

자녀의 문제는 진짜가 아니다

부모의 마음에 장애를 일으키는 주요 원인 중의 하나가 바로 자녀이다. 40대 중반을 넘긴 직장인들을 코칭할 때 어김없이 등장하는 문제가 자녀양육이다. 중고생 자녀를 둔 이들의 심각한 고민은 자녀의 진로나 학교 성적, 또는 갑자기 심해진 반항적인 행동과 같은 것들이다. 한창 공부할 시기에 당장 눈앞의 재미만 좇고 있는 것을 보노라면 걱정이 깊어진다. 대화를 거부하고 마음을 닫아버린 자녀에게 무조건 공부하라고 나무랄 수도 없고, 모른 척 내버려 둘 수도 없다. 이럴 때 어떻게 하는 것이 현명한 부모일까?

🌱 문제행동이 있는 자녀를 두었다면

대기업에 다니는 김수홍 부장은 자녀 양육에서 공부를 중요하게 생각하는 아버지였다. 그래서 그는 현재 중학교 1학년과 3학년인 두 아들에게 공부를 잘해야 좋은 대학에 갈 수 있고 좋은 직장에 취직할 수 있다고 가르쳐 왔다. 그렇게 성공해야 예쁘고 좋은 아내를 만날 수 있다며 '공부를 잘해야만 한다.'라고 강조했다. 김 부장의 아내도 그와 마찬가지였다.

성품이 유순했던 두 아들은 아버지의 주장대로 초등학교 시절부터 열심히 공부했다. 그중에 큰아들이 막내보다 공부에 더 흥미를 보였다. 큰아들은 중학교 1학년 때 성적이 중간에서 조금 높은 편으로 아버지가 볼 때 계속 열심히 하면 더 높은 성적을 얻을 수 있을 것 같았다. 그런데 열심히 공부하던 큰아들이 중학교 2학년이 되면서부터 공부에 흥미를 잃더니 성적이 반에서 중하위로 떨어졌고, 2학년 마칠 때쯤부터는 아예 책을 들여다보지도 않았다. 김 부장은 큰아들에게 벌써 느슨해지면 안 된다며 타이르고 때로는 꾸중을 하기도 했지만, 소용이 없었다.

그러던 어느 날 담임선생님으로부터 전화가 왔다. 큰아들이 학교 화장실에서 담배를 피우는 모습이 여러 번 목격되었고, 친구를 심하게 때려 학부모로부터 항의전화가 왔다고 했다. 김 부장은 예상치 못한 아들의 행동에 화가 났다. 못 해준 게 뭐가 있어서 이렇게 문제를 일으키는지 이해가 되지 않았다. 중학교를 졸업할 때까지도 변화가 없는 아들을 보며, 김 부장의 마음은 더 조급해졌다. 그대로 있다가는 대학은커녕 제대로 고등학교를 졸업할 수 있을지 장담할 수 없었다.

김 부장이 말했다.
"혼을 내도 안 되고, 타일러도 안 되고, 이제는 아예 자기 방에서 나오질 않습니다. 말도 안 하려고 하고요. 한창 공부해야 할 녀석이 마음을 못 잡고 있으니 답답하고 걱정스럽습니다."

김 부장뿐만 아니라 거의 대부분의 부모는 자녀가 일으키는 문제와 반항적인 행동 때문에 걱정을 한다. 부모로서 자녀에 대한 걱정스러운 마음은 자연스러운 감정이고, 때로는 사랑의 다른 표현이라고 여긴다. 그래서 자녀를 걱정하지 않으면 무심한 부모라고 말하기도 한다.

그러나 걱정하는 것은 어리석은 일이다. **걱정이란 아직 벌어지지 않은 미래의 일을 미리 나쁘게 떠올려 놓고, 안 좋은 감정을 느끼는 것**이다. 부모가 자녀를 걱정한다는 것은 자녀가 잘못될 경우를 상상해서 '그렇게 되면 어떻게 하나?' 하는 두려움과 불안을 느끼는 것이다.

부모가 이런 감정을 자꾸 느껴서 자녀에게 도움이 되는 것은 하나도 없다. 가족은 감정적으로 가장 가까운 사이이기 때문에 부모의 걱정과 불안한 느낌은 자녀에게 고스란히 전달된다. 자녀는 부모가 자기를 걱정하면 옭아매는 것 같이 느낀다. 독립된 존재로서 잘할 수 있는 능력이 있는데, 그것을 몰라주고 어리게 취급하는 것을 거부하며 싫어하는 것이다. 그래서 부모가 걱정할수록 부모에게 반발하는 태도를 보이며, 부모의 바람과는 반대로 행동하면서 자기의 독립성을 확보하고 싶어 한다.

다른 한편으로는 '내가 문제가 있구나. 부모님에게 걱정거리구나. 불효자구나.'라며 스스로에게 실망하고 자존감을 잃어간다. 자아정체성을 형성해 나갈 청소년 시기에 자기를 자꾸 부정적으로 규정하기 때문에 열등감이 커지며, 어둡고 움츠린 마음을 계속 느끼게 된다. 그리고 이것이 어른이 되어서까지 그대로 이어진다.

따라서 정말로 자녀가 잘되길 바라는 마음이라면 걱정을 날려버려야 한다. 여기서 걱정을 하지 않으려고 할 때 '걱정하지 말아야지.'라는 생각을 하는 것이 아니다. '걱정하지 말아야지.'라는 생각 이면에는 '아직 걱정거리가 있어. 자식이 걱정스러워.'라는 전제가 깔려 있다. 무의식은 말 속에 숨겨져 있는 전제된 생각을 받아들이기 때문에 '걱정하지 말아야지.'라고 생각하는 것은 걱정할 거리가 있다는 무의식적 신념을 더욱 강화시키는 꼴이 된다.

🍃 자녀의 진정한 본질 인정하기

걱정을 하지 않으려고 하는데도 계속 자녀 걱정을 하는 이유는 부모들이 자신을 육체적 존재로 믿고 있기 때문이다. 육체적 존재는 자기 몸을 편안하게 하고 건강한 상태를 지키기 위해 돈을 벌며, 돈을 벌기 위해서 좋은 직장이나 자기만의 특기를 갖추려고 노력한다. 그렇게 하기 위해 다른 사람과의 경쟁에서 이기려고 하고, 더 많은 것을 얻기 위해 애쓴다.

자신을 그런 존재로 인식하는 부모는 자녀 또한 그런 존재로 보며, 자녀가 다른 존재와의 경쟁에서 뒤쳐질까 봐 늘 걱정한다.

따라서 정말로 걱정을 하지 않으려면 걱정하는 부모 자신과 자녀의 본질을 통찰해야 한다. 부모 자신의 본질은 눈에 보이는 몸이 아니다. 영적인 존재로서의 싱싱한 생명이고, 조건 없는 사랑이며, 무엇이든 할 수 있는 무한한 능력이다. 자녀의 본질 또한 부모의 본질과 같이 무한능력을 갖춘 위대한 존재이다. 내 몸에서 나온 자녀라고 해서 그 몸이 자녀의 본질은 아니다. 몸을 지탱하는 마음의 근본, 즉 **생명력이 넘치는 정신적 존재가 내 자녀의 진정한 본질**이다.

본질을 통찰하면 걱정은 저절로 사라진다. 자녀의 모습이 순간적으로 불안정하게 보인다고 하더라도 그런 겉모습은 제쳐 두어야 한다. 그것은 자녀의 진짜 모습이 아니다. 대신 부모는 자녀의 내면에 구비

되어 있는 본질적인 성분을 바라보며 잘 되어 있는 느낌을 일으켜야 한다. 자녀가 자신감 있게 자기 능력을 발휘하고, 즐겁고 행복해하는 느낌이 자연스럽게 일어날 때까지 반복하는 것이다. 이렇게 할 때 부모의 마음에 자리 잡고 있던 습관적인 자녀 걱정이 없어진다.

 걱정 없이 자녀를 무한능력의 존재로 신뢰하는 부모의 마음은 자녀에게 그대로 전해진다. 자녀 스스로 자기의 본질을 알아채지 못했다고 하더라도 자녀는 부모가 자기를 신뢰하고 있음을 무의식적으로 느낀다. 부모의 믿음에 동조하여 자기 내면의 본질적 성분을 느끼게 되고, 편안하고 자유롭게 잠재된 능력을 발휘하기 시작한다. 자신감이 커지고 마음이 밝아지기 때문에 학교에서 친구들과 관계가 더욱 좋아지며, 자주적이면서도 책임감이 있는 태도를 갖추어 나가게 된다. 부모가 일일이 말하지 않아도 알아서 자기 할 일을 잘 챙기고, 학교에서도 학생으로서의 올바른 본분을 지키고자 한다. 부모의 현명한 믿음 안에서 생기발랄하고 자신감이 넘치는 자기의 본질을 발현하게 되는 것이다.

 이런 설명을 하면서 김 부장에게 TV에 소개된 적이 있는 한 아버지와 아들의 일화를 소개해 주었다.

 가난한 집의 가장이었던 아버지는 아들이 어릴 적에 아내와 헤어지고 혼자서 아들을 키워 왔다. 다리를 절뚝거리는 신체적 불편함이 있었지만 성실하게 일하는 착한 아버지였는데, 아들은 소위 비행 청소년이라고 부를 수 있는 말썽꾸러기 고등학생이었다. 아들은 일찌감치 공부를 포기하고 놀기만 했다. 친구들과 어울려 다니며 싸우기도 하고, 학교에서 문제를 일으키는 일도 잦았다. 그런데 이 아버지는 아들을 꾸중하거나 혼을 내지 않고, 괜찮다며 보듬어 주었다. 주위에서 아들을 걱정하면 오히려 '공부 못해도 괜찮습니다. 좀 놀면 어떻습니까? 그래도 우리 아들은 잘될 겁니다.'라고 말했다. 가진 것도 없고 몸도 불편한 자기에게 아들이 있어주는 것만으로도 고마웠던 것이다.

아들은 아버지의 무조건적인 믿음이 처음에는 받아들여지지 않았다. 그러나 계속 사고를 쳐도 괜찮다고 보듬어 주고 변함없이 믿어주는 아버지에게 결국은 감동을 하였고, 고등학교 3학년이 되면서부터 마음을 다잡았다. '나는 안 된다.'고 스스로 실망했던 아들이 아버지의 신뢰를 느끼며 '나도 할 수 있을지 몰라. 잘 될 거야.'라는 희망을 품게 된 것이었다. 그리고 다시 공부하기 시작했다. 놀기만 했던 시절을 보완하기 위해 친구들보다 더 열심히 집중적으로 공부했고, 놀랍게도 서울대에 입학했다. 이런 사연이 언론에 소개된 덕에 장학금까지 지원해 주는 곳이 생겼다.

이야기를 듣고 여러 차례 코칭을 받은 후 김 부장은 지금까지 자기가 해왔던 방법을 버리고 새로운 방법을 받아들이기로 했다. 무한한 능력을 가진 존재로서 아들을 바라보기로 마음먹은 것이었다. 게임만

하고 친구들과 몰려다니며 놀아도 '도대체 저러다 뭐가 될까?' 하는 생각보다는 '나도 학창시절에 엄청나게 놀았었지.' 하고 아들을 이해하는 방향으로 마음을 바꾸었다. 그리고 '우리 아들은 훌륭해. 잘 될 거야.' 하고 믿으며, 아들이 원하는 것을 찾아서 행복하게 사는 모습을 마음으로 그렸다.

몇 주 후에 김 부장이 소감을 말했다.

"아들이 위대한 존재라는 것을 생각하면서 우선 제 마음이 아주 편해졌습니다. 아들도 집에 있는 걸 좀 편안해하는 것 같아요. 자기 방에 있어도 방문을 닫는 경우가 줄었고, 말수도 좀 늘었습니다. 얼마 전에는 자진해서 인터넷 강의를 듣겠다고 하더라고요."

다시 한 번 강조하건대 걱정은 절대 사랑이 아니다. **사랑의 이름으로 포장된 걱정을 지속하는 어리석음은 자녀의 성장을 가로막는 장애물**이다. 또한, 걱정은 부모의 발전도 저해한다. 정말로 자녀를 사랑한다면, 자녀의 본질을 바라보고 믿어주자. 그것이 현명한 부모가 할 수 있는 최선의 역할이다. 부모의 변화된 생각이 자녀의 운명을 바꾼다.

미움이 내 삶을 덮쳤다면

본질을 느끼면 미움이 사라진다

한 금융서비스 기업에서 근무하고 있는 장미경 과장은 밝고 활기찬 사람이었다. 장 과장은 승용차 안에서 '아~, 좋은 아침입니다. 하하하!' 하고 혼자서 큰 소리로 말하며 활기차게 출근하고, 동료에게 '오늘도 행복한 날이에요!'라고 먼저 인사를 건네면서 즐겁게 하루를 시작했다. 기뻐야 웃는 게 아니라 웃으면 기뻐지고, 기뻐지면 행복하고, 행복하면 일이 술술 잘 풀린다고 믿기 때문이었다. 그러던 장 과장이 얼마 전부터 누군가를 만나면 언제 웃었는지도 모르게 즐거움이 싹 사라진다고 했다.

🌿 가까이에 있는 미움덩어리

그 사람은 바로 경력직으로 입사한 배현주 대리였다. 사실 배 대리는 장 과장의 친한 대학교 선배로 학교 다닐 때는 언니라고 부르면서 함께 공부했고, 졸업 후에도 종종 만나 아이들 일, 남편 흉, 집안일을 편하게 이야기할 정도로 친하게 지냈다. 그런 선배가 직장 후배로 들어와 일을 함께하게 된 것이었다. 처음에는 선배와 같이 일할 수 있다는 것이 반가웠다. 그런데 함께 일하면서 선후배로 만났을 때 알지 못했던 단점들이 눈에 띄기 시작했고, 이런 것들이 쌓이자 급기야 미워하는 마음까지 생겼다.

'참 싫다. 말투도 싫고 보기조차도 싫다. 일도 못하면서 고집은 정말 세다. 그리고 매사에 타인에게 의존적이다. 먼저 나서서 하는 게 없다. 남들이 어떻게 하는지에 늘 촉각을 곤두세우고 있다. 윗사람 눈치도 심하게 본다. 그리고 참 가식적이다. 상사 앞에서는 말 잘 듣는 척하면서 동료앞에서는 상사에 대한 불만을 털어놓기 일쑤다. 늘 잘난 체하면서 세상의 예의는 다 지키는 듯한 행동과 말투는 정말 가증스럽다.'

10년 넘게 직장생활을 해오면서 나름대로 긍정적으로 생활해 왔다고 자부했는데, 한 사람을, 특히 가까이 지냈던 사람을 이렇게 미워하고 싫어하게 될 줄은 몰랐다고 했다. 그래서인지 이런 상황이 더욱 당황스럽고, 스트레스 때문에 잘 웃지도 않게 되고, 일까지 자꾸 꼬인다고 했다.

"그 선배가 미워 죽겠어요. 일도 제대로 하지 않으려고 하고, 다른 사람 눈치 보면서 상사한테나 잘 보이려고 하고, 그리고 저를 함부로 대해요. 제가 아무리 대학 때 후배였다고는 해도, 엄연히 여긴 회사잖아요? 회사에서는 제가 선배인데……. 이제 선배 대접은 바라지도 않아요. 제발 자기 일이나 좀 제대로 해줬으면 좋겠어요. 고집은 또 얼마나 센지, 자기 말과 행동도 너무 다르고요."

장 과장의 말은 그로서는 너무나 당연한 표현이었다. 그러나 장 과장이 싫어하는 그 선배의 언행은 가치 중립적인 것이다. 모든 사건, 상황은 중립이다. 어떤 상황이든 그것 자체로는 의미가 없다. 그 상황을 보는 사람의 생각에 따라 그에 대한 의미와 해석이 달라진다. 그래서 여러 사람이 같은 상황을 보아도 생각하고 느끼는 것이 각각 다 다른 것이다.

예를 들어 자기의 생각과 느낌을 솔직하게 표현하는 사람에 대해 어떤 사람은 솔직해서 좋다고 하고 어떤 사람은 너무 솔직한 건 좋지 않다고 한다. 또 고양이가 밤에 우는 소리를 들으면 누구는 고양이가 외로워서 운다고 생각하고 다른 누구는 배가 고파서 운다고 생각한다.

다른 사람들도 배 대리의 그런 모습을 싫어한다며 자기의 주장을 지속시키려 했지만, 그조차도 '다른 사람들도 싫어한다.'고 본인이 생각하는 것이다. 장 과장에게 장 과장의 생각이 당연하듯 배 대리의 성격이나 행동 또한 당사자로서는 당연한 것이다. 그것을 불쾌하게 생각하는 것은 장 과장의 느낌과 생각일 뿐이다. 삶에서 경험하는 모든 일은 그 자체만으로는 의미가 없고, 자기의 생각대로 의미를 부여하고 해석하며 그에 따르는 정서를 느끼는 것이다.

🌿 누군가를 미워하는 이유

자기 마음 때문에 누군가를 미워하는 것이라면, 장 과장은 배 대리를 왜 미워하는 것일까?

누구를 미워하는 이유는 **자기의 무의식에 그 사람과 같은 사고방식과 행동들을 억제하고 거부하는 마음이 숨어 있기 때문**이다. 다시 말해 자기가 싫어해서 억압하고 숨겼던 생각들을 다른 사람에게서 느끼기 때문에 미워하게 되는 것이다.

장 과장의 무의식에는 '직장생활을 잘 하려면 적극적이고 자주적인 게 좋아. 다른 사람에게 기대는 건 옳지 않아. 다른 사람의 의견도 수용할 줄 알아야 해. 속과 겉이 같은 사람이 훌륭한 거야.'라는 생각이 자리 잡고 있었다. 그래서 그 생각에 반대되는 언행은 하면 안 된다고 억제했다. 동시에 다른 사람이 그렇게 행동하면 수용하기 어려웠다.

다시 말해서 장 과장도 배 대리처럼 때때로 자기 고집을 부리고 싶기도 하고, 다른 사람의 의견에 동조하며 쉽게 일을 하고 싶은 마음도 있고, 상사에 대한 불만을 막 털어놓고 싶은 마음도 있다. 다만 '그렇게 하면 안 된다.'라는 생각이 있기 때문에 현실적으로 나타내고 싶은 욕구를 무의식적으로 억제해 왔다. 그런데 이런 억제된 생각이 배 대리의 언행에서 적나라하게 표현되니까 배 대리가 밉고 싫었던 것이다.

  다른 예로 자기가 말을 많이 하는 사람을 싫어한다면 자기 무의식에 '말을 많이 하는 것은 좋지 않아.'라는 생각을 숨겨 놓고 말하고 싶은 욕구를 억제하고 있는 것이다. 또 만약에 자기가 성과를 과시하는 사람을 싫어한다면 자기 마음에도 성과를 인정받고 싶은 욕구가 숨어 있지만 그렇게 하는 것은 좋지 않다는 생각으로 억누르고 있는 것이다.

  결국, 누군가가 미워지는 이유는 자기의 마음 때문인데, 대부분의 사람은 이를 확실히 모르고 누군가 미워지면 그 사람에게 원인을 돌리려 한다. 이런 태도가 자기 삶을 힘들게 한다. 원인은 내 마음에 있다. 원인이 되는 마음을 변화시키지 않는다면 자기의 무의식에 거부되고 억제된 생각과 맞닿아 있는 사람을 접할 때마다 미워하는 마음은 계속해서 일어날 것이다.

  장 과장은 원인이 전부 자기 마음에 있다는 것을 이해하면서 배 대리를 미워하는 마음이 조금은 완화됨을 느꼈다. 그리고 회사에서 배 대리를 만났을 때 불쑥 배 대리가 미운 느낌이 올라오면 '미워하는 것은 내 마음 때문이야. 다 내 마음이야. 미워할 필요가 없어.'라는 코칭의 내용을 상기하였다.

하지만 미운 마음이 완전히 사라지지는 않았다. 전처럼 격렬하게 밉지는 않았지만, 여전히 배 대리를 볼 때마다 밉다는 생각이 올라왔다. 자기 마음이 원인이라는 것을 이해했다고 해도 아직 무의식의 느낌까지 변화된 것이 아니므로 이전과 비슷한 상황이 되면 또 미워하는 마음이 나타나는 것이다. 그러면 어떻게 밉다고 느끼는 자기의 무의식을 확실하게 바꿀 수 있을까?

🍃 무의식 속의 미움 없애기

한 스님은 '직장에 한없이 미운 사람이 있다.'라고 고민을 털어놓은 사람에게 '상대방이 저럴 수도 있겠다.'라고 상대방의 생각과 행동을 이해하며 마음을 놓아버리는 공부를 계속해야 한다고 답을 했다. 물론 이 방법도 마음을 잠깐 제쳐 놓게 하는 효과가 있기는 하다. 그러나 '상대방이 저럴 수도 있겠다. 마음을 비워야지. 놓아버려야지.'라는 생각에는 '비워버려야 할, 놓아버려야 할 미움이라는 감정이 명백히 있다.'는 무의식적인 전제가 깔려 있다. 이 때문에 미움이 없어진 편안한 상태로 있기란 참으로 어렵다. 아무리 미운 마음을 놓아버리려고 해도 자기에게 숨어 있는 무의식적 생각이 바뀌지 않는 한 미움은 다시 올라온다.

어느 대학교수는 '진리가 너희를 자유케 하리라.'라는 성경 구절을 인용하면서, 진리를 깨달으면 불편한 정서로부터 자유롭게 된다고 말했다. 그런데 이 교수가 말한 진리라는 것은 겉으로 드러나 있는 '자기의 성격을 아는 것'이다. 학문적으로 분류된 성격을 바탕으로 타인과 자신의 성격에 대해 제대로 알면, 그 앎이 모두를 자유롭게 해 줄 것이라고 했다. 이것은 성자가 가르친 본래의 메시지와는 전혀 다른 해석이다. 자기나 타인의 성격을 분석하고 그에 따른 행동지침이나 대응방법을 안다고 해서 불편한 정서로부터 자유로워지기는 어렵다. '나는 이런 성격이고, 저 사람은 저런 성격이니까 나는 이렇게 대응해야지.'라는 정도의 논리적인 생각으로는 성격처럼 일어나는 밉고 싫은 느낌을 근본적으로 바꾸지 못한다.

이처럼 무의식적 생각은 마음을 놓아버리려는 노력이나 성격을 제대로 아는 것으로 변화되지 않는다. 무의식은 자기의 평범한 생각보다 훨씬 강한 생각을 할 때 비로소 변화된다. 강한 생각이란 위에서 언급한 대학교수가 인용했던 '진리가 너희를 자유케 하리라'라는 성경 구절의 바로 그 '진리'이다. 진리란 보통의 의식보다 훨씬 더 깊은 근원의식이다. 이것이 바로 자기의 본질이다.

겉으로 보이는 인간의 모습은 영혼이 잠시 입고 있는 옷일 뿐이지 나의 변하지 않는 본질이 아니다. 누가 밉다고 느끼는 표면의식이나 밉다고 느끼게 한 자기의 무의식적 생각도 자기의 본질이 아니다. 자기의 본질은 표면의식과 무의식을 초월한 의식이며, 다른 말로 무의식의 바탕이 되는 근원의식이다.

본질은 변하지 않는 기쁨과 평화로움, 조건 없는 사랑과 감사, 무한한 즐거움과 행복, 싱싱한 생명만 느낀다. 이는 인간적 의식에서 상정하는 조건적이고 이원적인 느낌이 아니다. 온전히 기쁘고 평화롭고 사랑을 베풀고 감사하는 순수한 정서 그 자체이다.

많은 사람이 막연히 행복, 평화, 사랑, 즐거움을 추구하는 이유도 여기에 있다. 눈에 보이는 고향을 떠나면 고향을 그리워하듯이 눈에 보이지 않는 마음은 항상 본질적인 생명을 그리워한다. 다시 말해 인간의 마음에는 자기 본질로의 회귀를 원하는 무의식적 욕구가 잠재되어 있기 때문에 본질의 성분인 즐거움, 사랑, 기쁨, 평화로움을 원하는 것이다.

본질의 성분을 다양한 정서로 나열했지만 하나의 빛이 프리즘을 투과하면 여러 가지 빛깔로 분광되듯이 본질은 영원한 생명인데, 인간적 표현으로 말하자니 이때의 평화로움이 저때는 행복이며 요때는 즐거움으로 나타나는 것이다. 다시 말해서 본질의 성분이 현실에서는 때와 곳마다 자유자재로 지혜롭게 표현되는 것이다. 이것은 최고의 의식을 터득한 존재들의 공통적인 가르침이며, 현존하는 명상가들이 체험적으로 알려주는 내용이기도 하다.

자기의 본질에 지속해서 몰입하면 자기라고 착각했던 무의식적 생각과 느낌들이 근원의식으로 바뀌기 시작한다. 불편한 무의식적 생각들은 저절로 사라지고 거부되며 억제되었던 생각들이 맑게 정화된다. 이럴 때에 밉다고 느끼는 사람을 밉다고 보지 않게 되고, 본질적인 마음으로 대할 수 있다. 의도적으로 노력하지 않아도 진심으로 이해하게 되며, 상대방의 본질도 나의 본질처럼 순수하고 친절한 마음 그 자체라는 것을 알게 된다. **옳은 것이 무엇인지 분명해지면서 저절로 미운 마음이 비워지고 사라지는 것**이다. 이것이 바로 미움이라는 마음의 장애를 넘어서는 가장 탁월한 방법이다.

나는 장 과장에게 자신의 본질을 느끼는 명상을 권했다. 잠들기 전과 아침에 본질에 대한 명상을 하고 직장에서 불편한 마음이 느껴지면 본질에 대한 생각으로 전환하는 연습을 계속 하라고 했다. 코칭을 받는 동안 장 과장은 긍정적인 반응을 보이며 명상하기 시작했다. 몇 주 뒤 환한 얼굴로 마지막 코칭을 받으러 왔다. 장 과장이 말했다.

"명상을 처음 할 때는 집중이 잘 안 됐어요. 그래도 계속 명상을 하니까 왠지 마음이 차분해지고, 또 예전보다 훨씬 활기찬 느낌이 들었어요. 그리고는 신기한 걸 경험했는데, 어느 날은 정말 배 대리가 밉지 않은 거예요. 제가 배 대리의 모습에 전혀 영향을 받지 않는다는 걸 알았어요. '미워하지 말아야지'가 아니라 그냥 괜찮더라고요. 정확하게 설명은 못 하겠는데……. 아, 정말 미워하는 마음은 배 대리 때문이 아니었다는 걸 그때 확 느꼈어요. 그 후로 무슨 일이 일어났는지 아세요? 배 대리가, 아니 그 선배가 얼마 전에 저한테 고민 상담을 하는 거예요. 사실은 회사 생활이 너무 힘들다고, 어떻게 해야 할지 잘 모르겠다고 털어놓더라고요."

장 과장은 선배를 미워했던 자기의 무의식적 마음을 변화시키기 위해 꾸준히 본질에 집중한 끝에 불편한 마음에서 자유로워졌다. 중간에 오르락내리락하는 과정까지도 지혜롭게 극복하며 자기를 변화시키고 선배의 마음까지 열게 한 것이다.

직업적으로 몸을 많이 쓰는 사람을 위하여

육체는 내가 아니다

한 화장품 회사에서 고객서비스 부서 사내강사로 근무하고 있는 송화수 차장이 찾아왔다. 송 차장은 일반 사원으로 입사해서 7년 정도 일하다가 사내강사 육성 프로그램을 통해 직무 전환을 하여 5년째 강의를 해오고 있었다. 교육으로 다른 사람들을 돕는 강사직을 오랫동안 희망해 왔기에 자기일에 전력을 기울였다. 열정과 노력은 높은 강의 만족도로 나타났고, 송 차장은 더 많은 강의를 맡게 되었다. 짧게는 하루에 2시간부터 길게는 8시간까지 연속적으로 강의를 했다.

🍃 무리한 강의로 인한 목의 통증

문제는 강의 시간이 늘어나면서 발생한 목의 통증이었다. 강의를 4시간 정도 할 때까지는 별 무리가 없었는데, 7~8시간 강의를 하면서부터는 목이 아프기 시작했다. 목에 좋다는 차와 음식을 챙겨 먹고, 심하게 아플 때는 병원에 가서 진료를 받기도 했다. 그러나 그때만 잠시 통증이 가라앉을 뿐, 강의하고 나면 이내 다시 아팠다. 한 전문가는 말을 가능하면 적게 하고, 마이크를 입에 가까이해서 작은 목소리로 강의하라고 했다. 하지만 이제 막 회사에서 인정을 받기 시작했고, 사내강사로 자리를 잡아가고 있는 시점에서 목이 아프다는 이유로 강의에 소홀해지고 싶지 않았다. 또 교육생들 앞에서 약해 보이기도 싫었다. 송 차장이 말했다.

"목을 많이 쓰니까 목이 자주 아픕니다. 강의를 그만둘 수도 없고, 힘없이 강의하고 싶지도 않은데……."

송 차장의 대답은 사회적 통념으로는 지극히 옳다. 송 차장을 비롯한 거의 모든 사람은 몸의 한 부분을 많이 쓰면 응당 그 부분이 아프고 힘들어질 것이라고 생각한다. 무거운 것을 드는 일을 하는 사람은 팔과 손목이 아프고, 온종일 서 있는 사람은 발과 다리가 아프다고 말한다.

이런 사회적 통념 수준의 생각으로는 문제 상황이 개선되지 않는다. 아인슈타인이 말했던 것처럼 문제가 발생한 시점의 의식보다 더 높은 의식이 아니고서는 그 문제를 해결할 수 없다. 더 높은 의식으로 문제를 바라볼 수 있어야 하는 것이다.

  송 차장에게 영화 서편제 이야기를 해 주었다. 한국의 판소리를 소재로 만든 영화 〈서편제〉는 '소리'를 완성하기 위해 딸의 눈을 멀게 한 의붓아버지, 소리를 하는 눈먼 딸, 소리를 포기하고 떠나간 아들, 이 세 사람의 판소리 인생에 얽힌 이야기이다. 영화 속 아버지는 어려운 환경 속에서 딸에게 판소리를 가르친다. 소리를 완성하기 위해 끝없이 연습하던 딸은 목이 잠겨 소리가 나지 않기도 한다. 그러나 그녀는 포기하지 않고 연습하고 또 연습한 끝에 마침내 원하는 소리를 낼 수 있게 된다. '득음(得音)'을 한 것이다.

  이런 득음 과정이 비단 영화 속 주인공만의 일은 아니다. 한국에서 노래 잘 한다고 인정받는 유명한 가수들의 경험담에서도 이를 확인할 수 있다. 그들은 성대결절 진단을 받을 때까지 노래 연습을 하고, 심지어 진단을 받고도 멈춤 없이 계속 노래하면서 목을 단련시켰다고 한다. 그 결과 콘서트에서 노래를 부를수록 더 좋은 목소리가 나오는 수준까지 되었다며, 목이 아파 괴로울 때 멈추지 말고 꾸준히 연습할 것을 강조한다. 축구선수도 마찬가지이다. 그들은 훈련할수록 다리의 힘이 강해진다. 힘들다고 훈련을 멈추지 않고, 더 강도 높은 훈련으로 한계를 돌파하면서 신체능력을 키우는 것이다.

송 차장이 직업병처럼 느끼는 목의 통증도 마찬가지이다. 목은 쓰면 쓸수록 계속 아파지는 것이 아니다. 조금 아프더라도 겁내지 않고 꾸준히 훈련하면 오히려 목이 더 강해질 수 있다. 단련이 완성되기 전에는 이따금 목이 아플 수 있지만, 그것은 일시적인 현상이다. 걱정 없이 말을 계속하면 오히려 더 맑고 명쾌한 소리가 나오게 된다. 목뿐만 아니라 팔, 다리 등 신체 어떤 부위라도 쓸수록 더 건강해진다.

그렇지만 송 차장은 당장 아픈 목을 계속 쓰기가 겁이 난다고 했다. 찢어지고 갈라지는 통증이 날카롭고 생생하게 느껴지는데, 어떻게 더 쓸 수 있느냐고 물었다. 그리고 목을 쓸수록 좋아진다고 해도 자기에게는 적용이 안 될 거라며 의심과 걱정을 했다. 무의식에서부터 '목은 쓸수록 힘들어. 상하는 것 같아.'라는 나약한 생각을 굳게 믿고 있었기 때문이다.

자연스러운 신념과 느낌은 신체적인 상태로 나타난다. 송 차장이 목의 통증에서 자유로워지려면, 신체는 쓸수록 건강해진다는 것을 당연히 믿을 수 있어야 한다. 그렇게 하려면 '목을 많이 쓰니까 아프다.'라는 무의식적 전제가 전환되어야 한다.

🌿 사회적 통념에 기반을 둔 무의식

사회적 통념을 따르는 송 차장의 평범한 생각 이면에는 어떤 무의식이 있을까?

그것은 바로 자기 자신을 많이 사용할수록 닳고 고장 나는 물질적 존재로 여기는 생각이다. 송 차장뿐만 아니라 많은 사람이 거울에 비치는 나의 모습, 곧 몸을 '나'라고 생각한다. 자기를 육체로 여기는 것이다. 자기를 육체와 동일시하는 사람은 기계를 많이 사용하면 마모되고 낡아지는 것처럼 몸도 쓸수록 힘들고 약해진다고 느낀다.

육체는 매일 변한다. 하버드 의대 의학박사인 디팩 초프라(Deepak Chopra)는 그의 저서 『사람은 왜 늙는가』에서 다음과 같이 말했다. "피부는 한 달에 한 번씩 새롭게 교체되고, 위벽은 5일마다, 간은 6주마다, 골격은 3개월마다 새롭게 바뀐다. 육안으로는 언제나 똑같아 보이지만 실은 항상 변화하고 있다. 한 해가 지날 즈음이 되면 우리 몸속 원자의 98%가 새것으로 교체되어 있을 것이다." 시간이 지나도 큰 차이를 느끼지 못할 수도 있지만, 어제와 오늘의 내 몸은 같은 몸이 아니다. 만약 육체가 나라면 나는 아무것도 생각하지 않고 무엇도 느낄 수 없이 매일 같이 바뀌는 물질적인 존재에 불과할 것이다.

육체는 육체만으로는 그 어떤 힘도 발휘할 수 없다. 예를 들어 '출근해야지', '물을 마셔야지', '배가 고프다', '화장실에 가고 싶다'와 같은 생각이 일어나야 몸은 그 생각에 맞추어 움직인다. 운동할 때도 마찬가지이다. 축구를 한다면 '드리블을 해야지', '패스해야지', '막아야지'와 같은 생각을 하기 때문에 발로 드리블을 하거나 동료 선수에게 공을 패스해 주거나 상대편 선수를 막는 행동을 하게 된다. 특이한 경우로 몽유병에 걸린 사람이 '나는 기억이 없는데, 엄마는 제가 꿈결에 온 집안을 돌아다닌다고 해요.'라고 말하는 경우를 본 적도 있다. 그런데 육체는 평소의 생각뿐만 아니라 자기가 의식하지 못하는 무의식에 의해서도 움직일 수 있다. 몽유병은 몸이 스스로 움직인 것이 아니라 자기도 모르는 무의식적 생각이 잠 상태에서 몸을 움직이게 한 것이다. 그러니까 어떤 경우를 상정하더라도 육체는 생각에 따라 반응하는 종속적인 그림자일 뿐이다.

나는 육체를 움직이는 정신이다. 나의 정신, 즉 생각에 따라 내가 경험하는 모든 것을 변화시킬 수 있는 존재라는 뜻이다. 생각이 변화되면 말과 행동이 달라지고, 나아가 자기 인생이 변화된다. 특히 자기 신체 상태는 무슨 생각을 하고 어떤 정서를 느끼느냐에 따라 즉각적으로 영향을 받는다. 기분이 나쁘면 입맛이 떨어지고 먹어도 소화가 안 된다. 화가 나면 혈압이 오르고 스트레스가 오랫동안 누적되면 암이 된다.

송 차장의 이해를 돕기 위해 나에게 코칭을 받았던 김혜숙 약사가 해준 이야기를 소개했다. 그녀는 80세가 넘은 어머니의 백내장 수술을 하러 갔다가 겪은 일을 내게 전해 주었는데, 이 사례는 마음의 상태에 따라 몸이 어떻게 반응하는지를 분명하게 보여준다.

김혜숙 씨가 노모를 모시고 병원 대기실에 앉아 있었는데, 아주 힘찬 걸음의 할머니 한 분과 몇 걸음 뒤에 딸로 보이는 보호자가 들어왔다. 할머니는 매우 밝고 활기차서 전혀 환자 같지 않았다. 그런데 할머니 얼굴을 가만히 보니 정상적인 사람과는 눈의 초점이 달랐다. 주변 무언가를 의식하는 눈매가 아니라 또렷한 의식 없이 그냥 사물을 보는 시선이었다. 동행한 딸의 이야기를 들어보니 70대보다 더 젊고 건강해 보이는 그 할머니의 나이는 93세로, 치매를 앓은 지 3년이 넘었다고 했다. 할머니는 치매를 앓기 전까지만 해도 걷기가 어렵고, 어깨에 돌을 얹어 놓은 듯이 아프며, 툭하면 머리가 지끈거릴 뿐만 아니라 소화도 잘 안 되었다고 했다. 그런데 치매를 앓은 후부터 언제 아팠냐는 듯이 잘 걷고 잘 먹으며 몸의 통증을 호소하는 일이 사라졌다고 했다. "어휴, 이제는 얼마나 빨리 걸으시는지 제가 따라가기도 힘들어요."라고 말하는 딸도 어찌 된 영문인지 잘 이해가 되지 않는다고 했다.

치매 걸린 할머니의 사례는 상식적으로는 이해하기 어려운 일이다. 그러나 육체적 상태는 그 사람이 어떤 생각과 느낌을 지속해 왔는지에 좌우된다는 원리를 알면 쉽게 이해할 수 있다. 치매에 걸리기 전, 할머니의 마음에는 몸에 대한 걱정, 죽음에 대한 걱정, 자녀에 대한 걱정 등의 온갖 걱정과 불안이 가득했을 것이다. 그런데 치매에 걸린 이후로 할머니는 그런 걱정과 모든 불안을 잊어버렸다. 늘 걱정하며 살던 할머니가 걱정과 불안스러운 마음을 느끼지 않게 되자 걱정에 찌들었던 몸이 정상적인 기능을 회복하게 된 것이다.

사례 속의 할머니처럼 치매에 걸리라는 뜻이 아니다. 진짜 자기는 육체가 아니라 정신이기에 정신에 따라 육체는 달라질 수 있다는 것이다. 할머니가 걱정을 안 하는 것만으로도 육체적인 건강을 회복했듯이 송 차장도 두려움 없이 자신있게 강의를 하면 오히려 목이 더욱 강해진다.

다만 '목은 쓸수록 좋아져.'라는 생각이 자연스럽게 떠오르도록 생각을 바꾸는 연습을 계속해야 한다. 육체의 주인이 정신이라는 것을 알았어도 '나는 육체. 목을 많이 쓰면 아프다.'라는 그전의 습관적인 생각이 완전히 제거된 것은 아니기 때문이다.

🌿 정신이 지배하는 나의 몸

나는 송 차장에게 두 가지 실천 사항을 말했다. 첫 번째는 목이 아프다고 느껴질 때마다 '괜찮아. 이건 생각에 따라 달라지는 거야. 진짜 나는 정신적인 존재야. 내 목은 쓸수록 더 좋아져.' 하고 생각을 전환하라는 것이었다. 두 번째는 평상시에 강의할수록 더욱 힘이 넘치는 자기의 모습을 상상하고 싱싱한 느낌을 자주 떠올리라는 것이었다. 그리고 무엇보다도 이 두 가지 실천을 한 번에 그치지 말고 꾸준히 지속해야 함을 강조했다.

　송 차장은 열정적으로 두 가지를 실천하기 시작했다. 목이 아프다고 느껴지면 '괜찮아' 하고 생각을 전환했다. 밥을 먹거나 길을 걷는 등의 일상생활에서 자주 싱싱하게 강의하는 모습을 떠올리려고 노력했다. 그런데 송 차장이 일주일 후에 하는 말이, 생각은 전환했는데 느낌이 달라지지 않는다고 했다. '괜찮아.'라고 생각하는 동시에 '그래도 아파'라는 생각이 다시 일어나고, 싱싱하게 강의하는 자기 모습을 순간적으로 생각할 수는 있어도 실감 나게 느끼기 어렵다는 것이었다.

　나는 송 차장에게 아무 잡념 없이 조용히 집중할 수 있는 시간을 확보하라고 조언했다. 습관적인 생각이 새로운 생각보다 더 깊이 무의식에 각인되어 있기 때문에 목이 아픈 순간에 '괜찮아.'라고 생각하더라도 그 생각은 아픈 느낌을 바꿀 만한 힘이 없다. 그래서 습관적인 생각을 바꾸려면 어느 정도까지는 하루에 일정한 시간을 확보하여 이미 바뀌어 있는 자기의 생각과 느낌에 온전히 몰입하는 것이 필요하다.

　송 차장은 출근 시간을 20분 정도 앞당겼다. 그리고 동료들이 도착하지 않은 조용한 사무실 책상 앞에 앉아 10~20분 동안 몰입해서 싱싱하게 강의하는 모습을 마음으로 그렸다. 강의를 할수록 목 상태가 더 좋아지고 몸이 더 가벼워지는 것을 느꼈다. 마이크를 쓰지 않아도 강의장에 크고 또렷하게 울려 퍼지는 자기 목소리를 들었다. 또 강의 중에 교육생들과 즐겁게 대화를 주고받는 모습과 교육 후에 수업이 참 좋았다고 말하는 교육생들의 모습을 보고, 그들의 목소리도 미리 들었다.

이렇게 짧지만 강력한 명상을 실천한지 넉 달 후, 송 차장은 전과 달라진 느낌을 말했다. 아침에 10~20분간 몰입해서 떠올리는 싱싱한 느낌이 종일 지속된다고 했다. 목이 아픈 것도 전보다 훨씬 덜하고, 목이 아파도 '괜찮아.'라고 전환하는 힘이 생긴 것 같다고 했다. 나는 송 차장이 그에 머무르지 않도록 코칭 내용을 상기시키며 계속해서 실천하도록 격려했다.

그렇게 석 달이 더 지난 어느 날 송 차장이 기쁜 목소리로 전화를 걸어왔다.
"코치님, 강의 중에 목소리를 크게 냈더니 갑자기 목이 아파지는 거예요. 그 순간 집중해서 '괜찮아, 나는 정신적인 존재잖아.'라고 생각했는데, 정말 신기하게도 통증이 싹 사라졌어요. 썰물이 빠져나가듯이 아픈 것이 없어졌어요. 와~! 이런 거였네요. 생각을 바꾸면 몸 상태가 저절로 바뀐다는 게!"

강력한 체험을 통해 몸이 생각에 따라 달라진다는 것을 더욱 확신하게 된 송 차장의 사례가 반복적으로 몸을 써야 하는 사람들에게 도움이 되기를 바란다.

Healing
16

만성피로와 건강염려증 없애기

나의 본질은 궁극적인 정신이다

사람들이 습관처럼 하는 말 중의 하나가 '피곤하다'이다. 피곤이 누적되면 만성적으로 피곤한 상태가 되고, 이것이 심각한 질환을 일으키는 주요 원인이 된다. 어떻게 하면 '피곤'에서 벗어나 늘 건강하고 활기차게 일하고 생활할 수 있을까?

🍃 만성피로에 시달리는 박 부장

제조업체에서 근무하는 40대 중반의 박차환 부장은 평일에는 야근, 주말에는 무조건 출근, 휴일도 반납하고 회사 일에 전념했다. 그는 자기 일뿐만 아니라 프로젝트 업무를 도맡아서 하는 등 누구보다도 열심히 일해 왔다. 그런데 요즘 들어 심한 피로감을 느꼈다. 계속 피곤하니 예전처럼 일에 대한 열의도 생기지 않고, 뻐근한 느낌 때문에 집중력도 떨어져 멍하게 있는 시간이 많아졌다.

박 부장이 말했다.
"잠을 충분히 자도 피곤합니다. 회식이라도 하면 다음 날은 회사 가기도 싫을 만큼 부쩍 몸이 힘듭니다. 병원에서 정기검진을 받아도 별다른 이상이 없다고 하는데, 늘 피곤하고 축 처진 기분이에요. 좀 쉬면 나을까 싶어서 휴가받고 3일을 쉬어 봐도 그때뿐입니다. 나이가 들어서 체력도 떨어지고……. 얼마 전에는 운동도 열심히 하고 건강하던 회사 동기가 뇌졸중으로 갑자기 죽었습니다. 그 친구를 보니 참 허무하더군요. 이렇게 일만 하다가 갑자기 무슨 변을 당하면 어쩌나 싶어 겁이 나기도 합니다."

이렇게 이유 없이 피로한 날이 이어지자, 그는 점점 자신의 건강이 염려되기 시작했다. 어떻게든 컨디션을 회복하려고 여러 가지 정보를 뒤져가며 몸에 좋다는 것들을 챙겨 먹었다. 이는 비단 박 부장만의 이야기가 아니다. 만성피로로 건강이 염려되는 이들이라면 누구나 박 부장처럼 건강을 되찾으려 애쓴다.

그런데 이런 행위는 자기의식이 수평적으로만 이동하고 있는 결과이다. 사람들은 피로한 컨디션을 되살리기 위해 운동을 하거나 영양

식품을 섭취하거나 휴식을 취하는 것을 너무 당연하게 생각한다. 생각의 종류만 달라지고 겉으로 보이는 모습만 달라졌을 뿐 문제의 원인은 그대로 남아 있다는 것을 잘 모른다.

우리는 보통 상식이나 사회적 통념을 의심해 볼 생각도 하지 못하고, 그저 자기에게 자연스럽게 형성된 육체를 바탕으로 한 신념대로 산다. 왜 자기가 건강을 염려하는지, 왜 건강을 관리하겠다고 생각하는지를 따져보는 사람은 거의 없다. 그저 피곤하지 않으려고 '피곤은 안 좋아. 피곤하지 않게 건강관리를 해야겠어.'라고 생각하며 다양한 방법을 시도할 뿐이다.

재미있는 것은 긍정적인 의도로 **피곤을 없애려고 애쓸수록 자기 무의식에는 '피곤'이라는 생각과 느낌이 굳어진다는 것**이다. 무의식은 부정과 긍정을 구분하지 않는다. 그 단어에 내포된 무의식적 정서만 느낀다. 따라서 피곤을 없애려고 할수록 무의식에는 피곤한 느낌이 각인되며 평소 생활에서 피곤함이 유지된다. 다시 말해 의식이 수평적인 수준에서 연장되기 때문에 삶에서 여러 가지 장애가 반복적으로 일어나는 것이다.

따라서 자기에게 닥친 문제를 정말 해결하고 싶다면 문제를 해결하려고 하지 말고, 문제의 근본적 원인을 통찰함으로써 의식의 방향을 전환해야 한다. 치밀하고 예리한 통찰은 곧바로 자기의 어리석은 생각을 혁신시킨다. 깊은 통찰로 자기의식의 수직적인 도약을 이룰 때 자기 삶을 막고 있던 어떠한 장애라도 초월할 수 있게 되는 것이다.

🌿 '진짜 나'란 무엇일까

나는 박 부장에게 만성피로에서 벗어나려면 피곤하다고 느끼는 그 근본적인 원인을 알아야 한다고 말했다. 그가 별다른 신체 징후가 없음에도 불구하고 만성피로에 시달리는 이유는 자기를 '육체'로 규정하고 있기 때문이었다. 박 부장뿐만 아니라 거의 대부분의 사람들도 손으로 만져지고 눈으로 볼 수 있는 육체를 '나'라고 생각한다. 일부 사람들은 '나는 곧 정신'이라고 말하지만, 그 무의식에도 자기를 몸이라고 믿는 의식이 아주 짙게 각인되어 있다. 자기도 모르게 굳어져 버린 '육체가 나'라는 무의식적 생각은 곧 나를 부피와 무게가 있는 물질과 같다고 여기게 한다. 다시 말해서 '물질이 나'라고 믿는 것이다. 물질을 나라고 믿으면 물질을 많이 썼을 때 낡아지고 부서지는 것처럼 몸을 많이 움직이면 약해지고 쇠하고 있다고 느끼게 된다.

육체는 '진짜 나'가 아니다. 진짜 나라면 어떤 조건에서도 변하지 않는 나의 본질이어야 하는데, 육체는 생각에 따라서 변한다. 우리는 일상생활에서 신체 컨디션이 마음에 따라 달라지는 것을 쉽게 볼 수 있다. 가령 같은 음식물을 섭취했는데 마음이 편안하면 소화가 잘 되지만, 스트레스를 받으면 배탈이 나거나 체한다. 운전 중에 졸린다고 느끼다가도 접촉사고 장면을 목격하면 정신이 번쩍 들어 잠이 깬다. 일할 때는 피곤하다고 느껴도 재미있는 놀이를 하면 피곤하다고 느끼지 않는다. 이렇듯 육체적 느낌은 생각에 따라 달라지는 것이다.

그렇다면 '진짜 나'라고 하는 것은 무엇일까? 코칭을 하면서 진짜 자기가 누구냐고 물으면 '어느 회사의 과장, 누구의 엄마, 누구의 아내 또는 남편'이라고 대답하는 사람들이 많다. 또는 '무엇을 좋아하는 사람', '어떤 성격을 가진 사람'이라고 말하는 사람도 있다. 하지만 어떤 역할이나 좋아하는 것이나 성격과 같은 의식의 경향성 또한 진짜 자기가 아니다. 이런 것들은 언제라도 변할 수 있으며, 자기 존재를 온전히 세워 주지 못한다. **모든 조건을 제외하고 나서도 오롯이 남아 있는 것, 그것이 바로 진짜 나이고 나의 본질**이다.

변하지 않는 진짜 나는 자기 마음과 생각을 일으키는 근원적인 생명 의식, 궁극적인 정신이다. 그 정신을 구성하는 성분은 즐거움, 싱싱함, 행복, 감사함과 같이 우리가 원하는 느낌들이다. 다시 말해서 정신적 존재로서의 싱싱함, 즐거움, 행복함 그 자체가 진짜 자기이다. 사람들이 행복하고 건강해지고 싶어 하는 이유도 바로 진짜 자기가 싱싱한 생명이고 행복 자체이기 때문이다. 다만 자기 내면에 이미 구비되어 있다는 것을 모르기 때문에 밖에서 찾으려고 애쓰는 것이다.

나의 본질이 궁극적인 정신이고, 그 성분이 생생한 활력, 싱싱한 생명, 샘솟는 열정이라는 것을 느끼면 몸을 많이 썼다고 해서 녹초가 될 일이 없다. 나이가 들었다고 근력이 약해진다는 사회적 통념에서도 자유로워지고 피곤도 느끼지 않게 된다. 설사 피곤함이 다소 느껴진다고 하더라도 자기의 본질로 생각을 전환하면 피곤한 느낌을 금방 없앨 수 있다. 돈과 시간을 들여서 피로를 풀기 위한 여러 가지 방법을 쓰지 않아도 가볍고 편안한 상태로 쉽게 회복할 수 있는 것이다.

이렇게 되려면 진짜 나를 지식으로 아는 것에 그치지 않고, 그 정서가 어떤 것인지 체험적으로 느끼는 꾸준한 수련이 수반되어야 한다. 수련은 중단 없이 생각을 전환하는 과정으로, 생각의 내용에 걸맞은 정서를 지속적으로 느끼면 된다. 하루에 일정 시간은 집중적으로 본질에 몰입하는 시간을 확보하여 그 느낌에 몰입하고, 그 시간 외의 일상에서는 활력 넘치게 생활하는 것이 현대인을 위한 수련 방법이다.

그 과정 중에 때로 피곤함이 느껴지면 '이건 진짜 내가 아니야. 진짜 나는 싱싱한 존재야.' 하고 생각을 얼른 돌리면 된다. 싱싱한 느낌까지 일어나도록 계속해서 집중하는 것이 중요하다. 이 또한 평상시의 수련이 부족하면 잘되지 않기에 꾸준히 본질로 몰입하는 과정을 더욱 중요하게 강조한다.

나는 박 부장의 이해를 돕기 위해 이전에 코칭했던 한 대기업 임원의 사례를 들려줬다.

오상철 상무에게 미국 출장이 잡혔다. 오 상무는 미국에서 열릴 회의에 참석하기 위해 17시간 동안 비행기를 타고 날아갔다. 현지 담당자와 약속했던 회의 시간보다 조금 일찍 도착하자 그는 공항 내 소파에 앉아서 잠깐 눈을 붙였다. 그런데 깨고 나니 굉장히 피곤한 느낌이 들었다. 오 상무는 갑자기 피곤이 몰려오는 게 이상해서 곰곰이 생각하기 시작했다.

'코치가 피곤은 없다고 그랬는데 왜 이렇게 피곤하지? 많이 걸었다든가 운전대를 잡고 장시간 운전한 것도 아니고, 의자에 편하게 앉아서 스튜어디스가 주는 음료수만 마시고 편안하게 왔는데 피곤을 느끼다니. 내가 피곤할 이유가 없잖아.' 그리고는 조금 더 치밀하게 생각해 보니 자기 무의식에 '장거리 여행을 하면 피곤해.'라는 생각이 숨어 있었는데, 실제 상황에서 장거리 여행을 하니까 피곤하게 느낀 것임을 통찰하게 되었다.

그는 즉시 새로운 생각으로 전환했다. '피곤한 건 진짜 내 느낌이 아니야. 싱싱한 느낌이 진짜 내 느낌이야.'라고 생각하며 싱싱한 자기의 본질로 생각의 방향을 돌렸다. 이렇게 앉은 자리에서 8~9번을 반복했더니 피곤한 느낌이 싹 사라졌다. 그때까지 코치의 말을 반신반의했던 오 상무는 출장을 다녀와서 이 체험을 자기 입으로 들려주며 '피곤은 정말 없다.'는 것을 알게 되었다고 코치에게 말했다.

박 부장은 이 사례를 들으면서 고개를 끄덕였다. 그리고 자기도 이야기 속의 오 상무처럼 실천해 보겠다고 다짐했다. 나는 박 부장에게 구체적인 수련 방법을 안내했다. 진짜 자기에 관한 선언을 잘 볼 수 있는 곳에 써 놓고 적어도 하루에 세 번씩 읽으면서 진짜 자기에 대한 느낌을 생생하게 일으키라는 과제를 주었다. 이때 '언제까지 해야 할까?'라고 미리 시간을 정해놓지 말고 지속적으로 느낌을 일으키는 것에만 집중하라고 강조했다. 순수하게 몰입할 때 그 내용이 무의식에 녹아들어 현실적 느낌에 변화가 일어나기 때문이다.

박 부장은 과제를 실천하며 코칭을 계속 받았다. 3개월간의 코칭 후, 박 부장은 전보다 훨씬 활기찬 사람이 되었다. 업무의 양이나 일하는 시간 등의 생활방식은 크게 달라진 것이 없었지만, 피곤은 현저히 줄어들었다. 삶에 지친다거나 큰 병에 걸릴까 두려워하는 생각도 사라졌다고 했다. 대신 정신적 존재로서 즐거움을 느끼며 일을 할 수 있어서 참 고마운 느낌이 든다고 했다. 박 부장은 자신도 이런 변화가 놀랍다며, 자기처럼 고민하는 친구들이 건강할 수 있도록 도움을 주고 싶다는 말을 했다. 그가 앞으로도 더욱 건강하고 생명력 넘치는 생활을 이어가길 기대한다.

힐링 원칙 Ⅲ 곤란과 장애를 보지 말고 본질을 인식하라

- 심각한 갈등이 있는 대인관계, 예상치 못한 인사발령, 방황하는 사춘기 자녀, 육체적인 컨디션 난조 등 인생에서 심각한 곤란이라고 여길 수 있는 어떤 상황도 가치에 있어서 '좋다. 나쁘다.'라거나 '옳다. 그르다.'가 없는 중립이다. 눈에 드러난 상황이나 드러나지 않은 마음의 장애물은 그것 자체로는 의미가 없다. 그 상황을 바라보는 개인의 성향에 따라 그에 대한 의미와 해석이 달라진다. 보통은 외부에 원인이 있다고 생각하지만, 자기가 겪는 곤란과 장애의 원인은 전부 본인의 무의식적인 마음에 있다.

- 무의식을 바꾸어야 자기의 현실이 진정으로 바뀐다. 무의식은 집착된 마음을 놓아버리려고 하거나 없애려는 노력으로 변하는 게 아니다. 잘못된 것을 버리고 옳은 것을 얻게 되는 것이 아니다. 옳은 것이 무엇인지 분명히 알았을 때 잘못된 것이 저절로 버려지는 것이다. 이때 옳은 것을 안다는 것은, 사회적 통념의 수준에서 도덕적으로나 윤리적으로 올바른 생각을 하는 것이 아니다. 자기의 무의식적 생각까지 초월한 훨씬 치밀한 생각, 무의식의 바탕이 되는 근원의식을 통찰하는 것을 말한다.

- 근원의식은 자기의 본질이다. 겉으로 보이는 육체, 표면의식, 무의식은 자기

의 본질이 아니다. 자기의 본질은 표면의식과 무의식을 초월한 의식이며 또한 그 모든 의식의 바탕이 되기에 근원의식이라고도 부른다. 자기의 본질은 조건 없는 사랑과 감사, 샘솟는 즐거움과 행복, 싱싱한 생명, 무한한 능력만 느낀다. 이러한 느낌은 육체의식을 가진 보통 사람들이 생각하는 조건적이고 이원적인 느낌이 아니다. 무조건적으로 기쁘고 평화롭고 사랑을 베풀고 감사하며 항상 생명력이 넘치는 순수한 느낌 그 자체이다.

- 자기의 본질이 이렇기 때문에, 본질에서 인식하는 상대방의 본질 또한 자기와 같다. 즐거움과 감사함 자체가 자기의 본질이기에, 대하는 일과 조직에 대한 인식도 이와 다르지 않다. 즉 본질과 본질로써 교감하는 대인관계의 본질은 조화로움이다. 본질이 대하는 일의 본질은 즐거움이며, 회사의 본질은 고마움이다. 자녀의 본질 또한 완전한 생명으로 모든 탁월한 성분이 구비되어 있는 존재이다. 이러한 본질을 본다는 것은 현상을 보는 게 아니라 현상을 나타나게 하는 무의식의 근원을 인식하는 것이다.

- 나를 비롯한 대인관계, 회사, 일, 자녀 등 자기가 접하는 모든 것의 본질을 통찰하면 곤란과 장애를 초월할 수 있다. 닥친 문제를 해결하려고 애쓰지 않고 최고로 훌륭한 본질을 인정하고 느끼면 무의식에 쌓인 불편한 신념과 제한된 규정들이 사라지면서 무의식이 맑아진다. 의식이 깊어지면 정말로 옳은 것이 무엇인지 분명히 알게 되면서 집착했던 마음이 저절로 비워지고 사라지는 것이다. 그러면 전에는 곤란하고 장애라고 보았던 일이 자기에게 더는 문제가 되

지 않을 뿐만 아니라 업그레이드된 의식이 개선된 현실을 창조한다.

- 물론 이렇게 되려면 꾸준한 자기수련이 따라야 한다. 생각을 본질로 자꾸 전환하고 그 순수한 정서를 느끼는 것이 자기수련이다. 수련이 자연스러워지기까지는 하루에 일정한 시간을 확보하여 이미 바뀌어 있는 생각과 느낌에 온전히 몰입하는 것이 중요하다. 본질을 알아갈수록 이기적인 생각이 사라진다. 그것이 자기의 무의식이 정화되는 것이며, 자기의 무의식이 정화될수록 현실이 탁월해지고 행복해진다.

· 힐링원칙 IV ·

대하는 무엇에라도 감사하라

여러 가지 문제 한 방에 해결하기

비판이 감사로 승화되면 문제들이 사라진다

　최명석 상무는 미국 유수의 대학에서 박사 학위를 받고 다국적 기업에서 일하다가 국내 대기업의 상무로 스카우트된 사람이었다. 그는 항상 그랬듯이 명석하고 치밀하게 업무를 처리하여 탁월한 성과를 냈다. 회사는 기대했던 것보다 훨씬 더 유능한 그를 크게 인정해 주었다. 최 이사도 스스로 자신이 똑똑하고 뛰어나다고 생각했다. 그런데 다른 사람들을 보면 항상 불만스러웠다. 직속 상사인 부사장은 무능한 사람인데 연공 서열상 임원으로 대접받는다고 생각했다. 또 부하들에 대해서는 '제대로 일하는 팀장은 한 명도 없어요. 행동도 느리고 아이디어도 없고. 멍청한 녀석들······.'이라고 말하기도 했다.

🌱 엘리트 최 상무에게 닥친 문제들

이런 최 상무가 코칭을 받고 싶은 문제는 세 가지라고 했다. 첫 번째는 부사장과의 관계가 좋지 않은 것이었고, 두 번째는 예전만큼 예리한 판단을 못 하고 기억력이 떨어진다는 것이었다. 얼마 전에 병원에서 검사해 보니, 놀랍게도 전두엽에 이상 징후가 있다는 진단을 받았다. 세 번째는 중학생 아들이 학교에서 왕따를 당하고 있다는 것이었다.

최 상무는 이러한 문제들이 모두 별도의 것들이라 여겼다. 그래서 상사에게는 업무적으로나 인간적으로 더 잘하는 모습을 보이고, 기억력을 높이는 훈련과 운동을 병행하며, '아들은 전학을 보내면 문제가 해결되지 않을까.' 하고 생각했다. 그러나 드러난 현상만 바꾸려고 해서는 문제 상황이 개선되지 않는다. 현상 이면의 원인을 제거하지 않으면 같거나 비슷한 문제가 또다시 반복될 가능성이 높다. 잡초를 자르면 일시적으로는 잡초가 사라진 듯해도 이내 다시 자라나는 것처럼 말이다.

최 상무의 고민은 세 가지였지만, 내가 보기엔 원인도 답도 하나다. 모두 마음의 문제이기 때문이다. 현실은 보이지 않는 무의식적 마음에 쌓여 있는 생각들이 눈에 보이는 것으로 나타난 결과이다. 이때 원인이 되는 한 가지 마음 때문에 다양한 형태와 상황들이 나타난다. 보이지 않는 하나의 마음이 현실에서 여러 가지 모습으로 드러나는 것이다. 그래서 겪고 있는 문제들의 원인과 해결 방법이 각각 다른 것 같지만, 마음의 세계를 통찰해 보면 자기도 모르게 무의식에 불편하게 형성된 생각이 각각 다른 상황들의 공통 원인이자 해결의 실마리임을 알 수 있다.

🍃 비판하는 마음이 일으킨 문제들

최 상무의 세 가지 문제 이면에 있는 근본 원인은 무엇일까? 그것은 바로 '예리하게 상대방을 비판하는 마음'이다. 대부분의 사람이 자기의 무의식적 생각을 통찰하지 못하는 것처럼, 최 상무 또한 자기가 남들보다 똑똑하다고 믿으며 상대방을 깔보고 비판하는 습관이 있다는 것을 인지하지 못했다.

그는 당사자 앞에서 직설적으로 표현하지는 않았지만, 마음속으로는 자주 상사가 무능하다며 무시하고 비판했다. 상사가 자기보다 한 수 아래고 불필요한 사람이라고 생각했는데, 이는 자기 스스로 해치는 길이었다.

비판적 의식에 근거한 언행은 상대방에게 상처를 주는 동시에 자기 무의식에 부정적 정서를 누적시키는 결과가 된다. 상대방을 무시하고 깔보는 것은 상대에게 나의 우위를 표현하는 것 같아도 사실은 내 마음에서 깔보는 정서를 느끼는 것이다. 가령 최 상무가 상사나 부하들에 대해 '일도 제대로 하지 못하고 멍청하다. 무능하다. 살 가치가 없다는 등의 신랄한 비판을 할 때마다 최 상무의 마음에는 멍청하고 무능하고 살 가치가 없는 느낌이 쌓인다. 자기에게 좋은 점이 많이 있음에도 좋지 않은 감정, 그러니까 깔보고 무시하고 비판하는 마음을 자주 쓰면 그것이 마음의 습관으로 굳어지는 것이다.

현실적 사고 판단은 자기 마음에서부터 일어나는 것이기 때문에 마음에 멍청하고 무능한 정서가 굳어지면 자기부터 현실에 대한 예리한 판단이 어려워지고 기억력이 떨어지게 된다. **외부를 비판하는 것이 사실은 자기를 공격하는 결과**가 되는 것이다. 이런 마음의 상징으로서 최 상무의 경우처럼 신체적인 이상 징후까지 나타나기도 한다.

한편 사람의 마음은 말과 행동 이면의 보이지 않는 정서적인 파동으로 전달된다. 누가 상대방을 비판하고 무시하는 마음으로 대하면, 그 마음을 말이나 표정이나 행동으로 표현하지 않는다고 해도 상대방은 그 사람의 부정적이고 저열한 감정을 똑같이 느낀다. 그리고 비판하는 사람에 대해 편파적이고 독선적인 성향이라고 인식하기 쉽다. 자기가 다른 사람을 깔보고 무시하는 만큼 결국 자기도 똑같이 다른 사람들에게 존중받지 못하고 멸시당하는 상황이 되는 것이다. 최 상무와 그의 상사도 마찬가지였다. 상사는 소리로 들리지 않아도 자기를 비판하는 최 상무의 부정적인 무의식적 파동을 느낄 수 있었다. 그래서 최 상무의 상사는 최 상무가 아무리 겉으로 좋은 말을 해도 그가 건

방지게 느껴져서 싫었던 것이다.

아들이 학교에서 왕따를 당하는 이유도 아버지가 다른 사람을 예리하게 비판하고 깔보는 마음 때문이다. 한 가정의 정서는 마치 공기가 든 고무풍선과 같이 하나이다. 고무풍선의 한쪽을 누르면 다른 한쪽이 튀어나온다. 아버지가 누구를 비판하고 깔보는 것은 풍선의 한쪽을 누르는 것으로, 그러면 다른 쪽이 튀어나온다. 튀어나온 한쪽은 다른 사람에게 눌림이나 깔보임을 당하고 비판을 받는다. 아버지의 비판적인 마음이 가족을 향해 돌아오는 것인데, 최 상무의 가정에는 그 대상이 아들이었다.

최 상무는 이성적 논리를 넘어서는 보이지 않는 의식적 파동의 관계에 대해 직관적으로 잘 이해했다. 그래서 아들이 왕따를 당하는 이유도 본인에게서 비롯되었다는 사실을 진심으로 인정하였다.

🌿 진심으로 감사하기

나는 최 상무에게 비판하는 마음을 바꾸는 데 가장 강력한 효과가 있는 '감사하기'를 권했다. 마음의 파동이 비판하는 것에서 감사하는 것으로 변화되면 비판하는 마음 때문에 생긴 문제들이 사라진다. 그리고 감사하는 마음 때문에 현실에서 감사하는 일들이 생긴다. 상사와의 좋지 않은 관계가 벽 없이 친밀한 관계가 되고, 기억력과 판단력이 예전처럼 또렷해지며, 아들도 왕따에서 벗어나 친구들과 즐겁게 생활하는 일이 펼쳐진다.

그런데 최 상무는 감사함을 느껴본 적이 기억나지 않을 만큼 정서가 건조해져 있었다. 감사한 일을 떠올려보라고 했더니 감사할 일이 뭐가 있겠느냐며 반문했다. 부하들이 해오는 멍청한 일들을 다 손봐야 하고, 상사한테 보고하러 가서는 설명하지 않아도 될 사항들까지 일일이 다 설명해야 하니 짜증 나고 귀찮은 일뿐이라고 했다. 이런 그에게 이렇게 말했다.

"지금 마음 상태로는 그럴 겁니다. 그런데 최 상무님. 회사에 전부 뛰어난 사람들만 있다면 최 상무가 돋보일 것 같습니까? 그런 사람들이 있기 때문에 최 상무가 돋보이는 것입니다. 자기를 돋보이게 해 주는 다른 '무능한' 사람들에게 감사하세요. 감사하고 고마워할수록 최 상무님이 가진 문제 세 가지가 한 번에 해결될 겁니다."

사실 무능한 사람이란 없다. 누구나 본질적으로는 무한한 능력을 갖추고 있지만, 개인의 무의식에 따라 현실적으로 나타나는 정도에 차이가 있을 뿐이다. 그래서 모든 이들에게 조건 없이 감사함을 느끼는 것이 최종적이면서 또 본래적인 감사이다. 하지만 최 상무는 진심어린 감사를 느껴본 지 너무 오래되었기 때문에 갑자기 조건 없는 감사를 하라고 하니 낯설게 느낀 것이다. 그래서 논리적인 생각에 맞추어 감사함을 떠올릴 수 있도록 우선 자기의 똑똑함을 돋보이게 해 주는 다른 무능한 사람들에게 감사하라고 설명한 것이었다.

생활 속의 실천 방법도 알려주었다. 1주일간 잠들기 직전과 아침에 깨어난 직후에 10분씩 고마운 마음을 느껴보라고 했다. 이 시간은 자기의 무의식에 고마워하는 정서가 녹아들기에 가장 좋은 시간이다. 사소한 것부터 가리지 말고 고마운 마음을 느껴보라고 했다. 1주일 후에 만났을 때 최 상무는 그렇게 해도 고마움이 잘 느껴지지 않는다고 말했다. 나는 그에게 주로 느끼는 정서가 아직 바뀌지 않아서 그런 것이니 실망하지 말고 1주일을 더 해보라고 권했다. 그리고 또 1주일을 권했다. 그렇게 3주 정도 고마운 마음 느끼기를 하고 나니 최 상무의 표정이 조금씩 밝아졌다.

코칭이 끝난 두 달 후 저녁 식사 자리에서 최 상무는 자기의 변화된 마음을 전했다. 그는 계속해서 감사하기를 실천했다고 했다. 중간에 비판하는 마음이 들면 '내 손해다. 비판하는 마음은 내 마음에서 일어나는 것이니 내가 나빠지는 것이다.'라는 생각을 하기도 하고, '저 사람들이 있어서 내가 돋보이는 것이다. 저 사람들이 고마운 존재이다.'라고 생각을 전환하였다. 처음에는 논리적으로 감사한 이유를 도출하고 의도적인 감사를 일으켰는데, 반복할수록 따지는 과정이 줄어들고 감사를 느끼는 것이 자연스러워졌다.

그 과정에서 상사가 그 위치까지 갈 만한 능력이 있는 분이라는 것을 새삼 알게 되었다. 그동안 왜 그렇게 무능하다고 봤는지 모를 정도였다. 이제는 비판하기보다는 상사 입장에서 왜 그랬을까를 생각해 보게 되었다. 눈에 띄는 변화는 상사에게서도 나타났다. 상사는 최 상무를 자주 불러서 중요한 사안에 대해 터놓고 의논을 하기 시작했고, 인간적으로도 친밀해졌다. 또 전두엽을 다시 검사해 봤는데 이상 징후는 사라지고 생각의 회전도 다시 빨라졌다.

마지막으로 남아 있던 아들에 대한 고민도 풀렸다. 집에 오면 학교생활에 대해 전혀 말이 없었던 아들이 하루는 친구들과 있었던 재미난 일을 이야기해 주면서 주말에 친구들과 놀러 갈 계획을 거창하게 늘어놓았다. 표정이 어둡던 아들이 활기차고 밝게 웃는 모습을 보며, 최 상무는 그동안 마음고생이 심했을 아들에게 진심으로 미안하고 또 고마운 마음이 들었다.

최 상무처럼 비판하고 깔보는 마음을 가진 사람이 그 예리한 마음을 반대로 돌려 감사함을 깊이 느끼면 자기 육체를 포함한 회사와 가정 환경이 고마워할 만한 일로 바뀐다.

각각의 문제를 해결하기 위해 고군분투하지 말고 진심으로 고마워해 보자. '진심으로 고마워하라'는 말은 많이 들어봤을 테지만, 실제로 자기 삶에서 그 파워를 느껴 본 사람은 별로 없을 것이다. 그러나 직접 해보면 놀라운 효과를 느낄 수 있다. 자기를 둘러싼 자연환경이나 직장이나 가족에 대해서뿐만 아니라 대인관계에서도 대단한 위력을 발휘한다.

진심으로 감사한다는 것은 감사한 마음이 일으켜 내는 훌륭한 결과에 대한 계산된 생각 없이 순수하게 고마운 마음만 느끼는 것을 말한다. 일단 진심으로 느껴질 때까지 꾸준하고 순수하게 연습하는 것이 중요하다. 처음에는 고맙지 않은 느낌이 습관처럼 올라오더라도 포기하지 않고 지속적으로만 하면 된다. 이렇게 고마움을 느낄 수 있다면, 보이지 않는 고마움의 파동이 상대방에게 전달되어 고마움의 파동으로 되돌아올 것이며, 자기 삶에서도 고마워할 만한 일들이 계속 펼쳐지게 된다.

워킹맘의 일과 육아를 위한 팁

아이에게
미안해하지 마라

대기업 기획팀에서 일하는 8년 차 직장인 최선영 대리는 임원을 목표로 열심히 일해 왔다. 결혼해서도 아기를 갖는 것보다 일을 더 우선순위에 두었다. 주위에 있는 여성 선배들이 아기를 낳고 난 후 육아와 직장 사이에서 갈등하다 결국 퇴사하는 경우를 종종 보았기 때문이다. 그러나 남편과 부모님의 바람에 못 이겨 결혼한 지 6년 만에 아기를 낳게 되었다.

🍃 육아와 일 사이에서의 갈등

최 대리는 3개월간의 출산휴가를 받아 아기를 돌보았다. 아기를 생각하면 육아휴직을 쓰고 싶었다. 하지만 자기의 일을 동료가 나누어 하고 있는 상황에서 육아휴직까지 쓰면 회사를 그만 둘 사람으로 보일 것 같았다. 이 때문에 3개월 출산 휴가가 끝나자마자 아기를 영유아 보육 시설에 맡기고 출근을 했다.

　최 대리는 아기가 마음에 쓰이지만, 육아문제로 회사 일에 영향을 주고 싶지 않았다. 동료들이 자기와 일하기를 꺼릴까 봐 자진해서 일을 맡고 먼저 나서서 도와주었다. 그런데 갑작스러운 회식이나 야근을 해야 하는 일이 생기면 난감했다. 아기 때문에 일찍 퇴근하겠다고 말하기도 꺼려졌다. 내년이면 과장 진급 대상이 되는데, 육아문제로 회사 일에 소홀하거나 팀 행사에 빠지면 좋은 평가를 받기 어렵다는 것을 잘 알고 있었다. 자연스럽게 퇴근 시간은 밤 9시나 10시를 넘는 경우가 많았고, 최 대리는 아기를 자정까지 돌봐주는 시설로 보내야만 했다.

　아기는 엄마와 아침에 떨어질 때 점점 더 심하게 울기 시작했다. 그뿐만 아니라 시설에서 아기가 아프다는 전화를 종종 받게 되었다. 걱정되어도 중간에 가 볼 수 없는 엄마의 심정은 말할 수 없이 괴로웠다. 회사에서는 태연하게 일에 집중하려고 애를 썼지만, 그럴수록 최 대리의 마음속에는 아기에 대한 걱정과 회사 일 사이의 갈등이 깊어져 갔다. 회사를 그만두려는 생각도 해봤지만, 경제적 상황이 여의치 않았고 일을 그만두고 싶지도 않았다. 최 대리가 말했다.

"아기를 볼 때마다 미안해요. 회사에 있을 때 아기가 아프다는 전화라도 오면 걱정이 되서 일이 안 돼요. 이러다가 혹시 아기가 잘못되는 것은 아닌지 하는 불안한 생각도 들어요."

🌿 엄마와 아이는 하나

보통 가족이나 형제, 친한 친구와 같이 마음으로 가까운 관계는 서로의 마음을 잘 느낀다. 한 사람이 갑자기 사고가 나면, 그와 심정적으로 가까운 사람도 컨디션이 나빠지거나 기분이 안 좋아진다. 아주 친밀하면 그에게 안 좋은 일이 생긴 것 같은 직감이 들기도 한다. 떨어져 있어도 안 좋은 감정은 같이 느끼는 것이다.

특히 갓난아기와 엄마의 마음은 아주 빠르고 강하게 통한다. 집안에서 엄마와 아기가 같이 있을 때 엄마가 아이를 안고 기쁜 마음으로 웃으면 아이가 똑같이 미소를 짓는다. 품에 안고 있지 않아도 엄마가 편안하게 집안일을 하면 아이도 새근새근 잠을 잘 잔다. 그런데 엄마가 기분이 언짢아지거나 화가 나면 방에 있던 아기는 엄마의 부정적인 마음의 파동을 동시에 느껴서 크게 울거나 갑자기 몸 상태가 나빠진다.

이런 관계는 거리가 멀어져도 똑같이 적용된다. **엄마와 아기는 신체적으로 분리되어 떨어져 있지만 정서적으로는 하나**이기 때문에 거리와 시간에 상관없이 엄마의 마음이 아기에게 그대로 전해진다. 엄마가 회사에서 마음 편하게 일에 몰입하면 아기도 보육시설에서 편하게 잘 먹고 잘 자고 잘 논다. 그러나 엄마가 회사에서 마음이 불안하고 불편하면 아기도 불안해지고, 불안이 심해지면 엄마를 찾으면서 목 놓아 울거나 몸에 열이 나거나 설사를 하는 등의 육체적인 증세가 민감하게 나타난다.

아이를 떼놓고 나오면 미안한 마음이 들겠지만 미안하다는 감정도 마찬가지로 아기에게 좋지 않다. 적어도 아이에게 미안한 마음을 가지는 게 도리라고 생각하겠지만, 그건 도리가 아니라 아기를 더 힘들게 하는 길이다. 미안하다는 건 아이에게 뭔가 잘못했다거나 죄스럽다는 의미이고, 마음이 개운하지 않은 상태이다. 엄마와 아이의 마음은 하나이기 때문에 엄마가 미안해할수록 아이도 엄마와 같이 개운하지 않고 무거운 감정을 느낀다. 마음이 불편한 아이가 건강하게 클 리 만무하다.

따라서 일과 양육의 두 마리 토끼를 다 잡고 싶다면 그 순간에 전념해야 한다. 회사에 가면 아기를 잊고 회사 일에 몰입하고, 집에 와서는 회사 일을 잊고 아기에게 온 마음을 쏟는 것이다. 이는 워킹맘이라면 누구나 교과서처럼 잘 알고 있는 원칙이다. 그러나 문제는 그것이 그리 쉽게 되지 않는 데 있다. 회사에서는 아기 걱정, 집에서는 회사 걱정으로 마음이 불편하다. 그리고 엄마로서의 정체성과 직업인으로서의 자아실현 및 불가피한 경제활동 사이에서 갈등이 무 자르듯이 정리되지 않는다. 현재의 문제는 과거의 마음이 누적되어 나타난 것인데, 마음의 발전 없이 미래가 개선되길 바라기 때문에 지금까지의 습관처럼 걱정과 고민을 계속하게 되는 것이다.

🌿 워킹맘을 위한 해법

워킹맘은 어떻게 마음을 발전시켜야 할까?

우선 아기에 대해서 '잘 있겠지. 편하게 놀고 있을 거야.'와 같이 담대하게 생각해야 한다. 그리고 엄마가 봐 주지 못해도 건강하게 잘 커 주는 아기에게 진심으로 '감사하다'고 느끼며 생활해야 한다. 한 번만 하는 것이 아니라 아이를 떠올렸을 때 미안함이나 걱정보다 진한 고마움이 떠오를 수 있도록 마음의 연습을 해야 한다. 이렇게 할 때 엄마의 마음이 밝아지고 강해진다. 나아가 아기도 엄마의 마음을 느끼며 건강하고 밝게 자란다.

나는 최 대리에게 민우와 성욱이 이야기를 해 주었다.

정기 세미나에서 일어난 일이다. 5살 민우와 성욱이가 엄마를 따라왔다. 강의장 옆의 휴게실에서 놀던 민우는 쉬는 시간이 되자 신발을 신고 강의장 밖으로 뛰어나갔다. 문밖에 있던 민우는 강의장 안에 있는 성욱이에게 '나가서 같이 놀자.'라고 말했다. 그런데 성욱이는 민우를 쳐다보기만 할 뿐 강의장 밖으로 나가지 않았다. 옆에 있던 선생이 '성욱아, 신발 신고 나가서 놀아. 괜찮아.'라고 말을 해도 성욱이는 신발을 보며 머뭇거릴 뿐이었다. 이렇게 성격이 다르게 나타나는 두 아이를 보며, 그 엄마들이 바로 연상이 되었다.

민우 엄마와 성욱이 엄마는 아이들이 태어난 직후부터 다시 일터로 돌아간 워킹맘들이었다. 민우 엄마는 민우가 태어나기 전에 나에게 코칭을 받았고, 그 이후로도 강의에 계속 참여하였다. 민우 엄마는 '엄마의 마음이 아이에게 그대로 전해진다.'라는 것을 이해하고, 또 체험을 통해 확신하고 있었다. 그래서 아이들에 대해 걱정하는 대신 '잘 놀아줘서 고맙다.'라는 마음을 자주 떠올렸다. 회사로 민우가 아프다는 연락이 와도 '괜찮아.'라고 진심으로 생각하며 순간적인 걱정을 없애고 다시 일에 열중했다. 엄마의 마음이 깊이 편안해질수록 아이는 언제 아팠냐는 듯이 멀쩡해져서 친구들과 신나게 노는 체험을 여러 번 해 본 터였다.

반면 성욱이 엄마는 성욱이가 4살이 되던 해에 나를 만났고, 성욱이가 5살이 되던 해까지도 아이를 걱정하는 습관에서 벗어나지 못하고 있었다. 회사에서 일하면서도 성욱이가 밥은 제대로 먹었을지 낮잠을 잘 자고 있을지 걱정하였다. 아침에 나올 때 조금만 열이 나도 전전긍긍하였고, 출근해서도 보육시설에 자주 전화를 하여 성욱이의 상태를 확인하였다.

이는 곧 엄마의 마음이 아이의 성장에 큰 영향을 미친다는 것을 알려준다. 민우 엄마는 본인의 정신력을 강화시키면서 민우를 걱정하지 않고 키웠다. 때문에 민우는 아기 때부터 큰 병치레 없이 건강하였고 자신감이 강하며 활달하게 자랐다. 반면 성욱이는 엄마가 늘 걱정하고 염려하며 키웠기 때문에 오히려 감기에 자주 걸리고 잔병을 자주 앓았으며 소심하고 겁이 많은 아이로 컸다. 이런 차이가 짧은 순간이지만 강의장 문을 사이에 두고 자유롭게 노는 민우와 놀고 싶어도 겁이 나서 나가지 못하는 성욱이의 행동으로 드러난 것이다.

이야기를 들은 최 대리는 민우 엄마처럼 감사의 파동을 확신하지는 못하겠지만, 적어도 걱정이 아이에게 좋지 않다는 것은 충분히 이해한다고 말했다. 그리고 민우 엄마처럼 담대하면서도 생각의 전환을 할 수 있으면 참 좋겠다는 희망적인 마음도 표현했다. 엄마와 아이는 육체적 관계가 아니라 마음으로 교감하는 관계라는 것을 인식하기 시작한 것이었다.

이후 최 대리는 두 가지의 실천 약속을 정했다. 첫 번째는 아기에 대해서 걱정하지 않는 것이었다. 아침에 아이가 떨어지기 싫어서 울면 '괜찮아, 오늘도 잘 지낼 거야.'라고 아이에게 진심으로 말하고, 마음으로는 아이가 신나고 재밌게 노는 느낌에 집중하였다. 아기가 아프다는 연락이 왔을 때에도 심각한 상태가 아니면 조퇴를 하지 않았고, '곧 괜찮아질 거야.'라는 강한 마음의 파동을 일으켰다. 두 번째는 퇴근 후에 집에 가면 아기를 꼭 안고 '고맙다. 오늘도 잘 놀아줘서 정말 감사해.' 하고 진심으로 전하는 것이었다. 굳이 말로 하지 않아도 마음에서 진심으로 우러나오는 감사함은 아기의 마음에 편안함과 사랑을 채워준다.

처음에 최 대리는 아이가 아프다는 소식을 들었을 때 '괜찮다'는 생각으로 전환하는 것이 어색했고, 특히 아직 그렇지 않은데 미리 고맙다고 느끼는 게 낯설다고 했다. 그러나 지속적인 코칭을 통해 마음이 창조하는 현실의 원리를 이해하고 또 이해하며 실천을 지속해 나갔다.

그렇게 다섯 달이 지나자 최 대리는 엄마가 온종일 봐주지 않아도 잘 크는 아기에게 고마운 마음이 느껴지고 안심이 되었다. 아기 걱정이 사라지니까 직장에서 일에 더욱 전념하게 되었고, 일의 능률도 높아졌다. 무엇보다도 최 대리는 아기가 전보다 더 건강해진 것 같아서 매우 기뻤다. 아프다는 연락이 오는 경우도 드물어지고, 아기를 돌봐주는 선생님이 아기가 보채지 않고 잘 지낸다는 소식을 전해주기도 했다.

이 세상을 바꾸고자 한다면 마음의 상태를 바꿔야 한다고 현자들이 말했듯이, 아이가 걱정되는 워킹맘들은 최 대리처럼 자기의 정신력을 업그레이드해 보자. 하루 종일 아이와 함께 있으며 불편한 마음으로 지내는 것보다 단 10분 만이라도 순수한 감사함으로 아이와 교감하는 것이 내 아이를 행복하고 건강하게 키우는 지름길이다. 마음의 힘은 어떤 방법보다 직접적이고 강력하며 지속적인 효과가 있다. **마음의 힘을 강화하면 보다 쉽게 아기를 잘 키울 수 있고, 또 일을 통한 자아실현까지 달성할 수 있을 것이다.** 즐겁고 편한 느낌이 무의식에 각인되도록 꾸준히 수련하자. 무의식적인 마음이 현실을 창조한다.

혁신은 Top으로부터

업무 성과는 사장의 믿음에 따라 나타난다

　기업의 성과 창출에는 여러 요인이 복합적으로 작용하는데, 그 핵심 요인 중 하나가 회사의 Top인 사장의 리더십이다. CEO 한 사람의 변화를 통해 전 직원들이 힘을 합쳐 놀라운 성장을 이루어 낸 코칭 사례를 소개한다.

🍃 권위적이고 독단적인 리더

　지금 소개하는 회사는 특별한 혁신이나 변화를 꾀하지 않아도 큰 회사에 부품을 고정적으로 납품하기 때문에 별 무리 없이 운영됐다. 다소 경직된 조직문화의 가운데에는 가부장적이고 권위적인 사장이 있었다. 사장은 부하직원의 일하는 자세를 보고 자기 마음에 들지 않으면 상대방의 자존심이 심하게 상할 정도로 꾸짖고, 작은 결점이라도 보이면 크게 잘못을 한 듯이 화를 내고 야단쳤다. 본인은 창조적인 생각보다 관리적인 일에 집중하면서, 한편으로 직원들에게 새로운 아이디어를 내지 않는다고 다그쳤다.

그런 사장의 행동 때문에 직원들은 사장에게 보고하거나 사장과 만나는 것을 두려워하고 피했다. 실질적으로 좋은 아이디어가 있어도 그것을 건의하면 흠이 잡히거나 심하게 지적을 받을까 봐 덮어두었다. 자기에게 잠재된 훌륭한 역량을 회사 일에 발휘하지 않고, 무사안일하게 생활하는 풍조가 만연한 상태였다.

사장은 임원들과 치밀하게 논의할 부분에 대해서도 형식적으로 한두 마디 물어본 후에 그 대답에 관계없이 독단적으로 결정하곤 했다. 그 결정에 반대 의견을 내는 사람은 없었다. 사장에게 자기 의견을 편하게 이야기할 수도 없었다. 그런데 사장은 이런 직원들에 대해 자기 주관이 없다고 다그치기만 했다. 자기는 똑똑하고 완벽한데 부하 직원들이 능력이 없다고 생각했고, 직원들이 자기 앞에서만 열심히 일하는 척을 한다고 생각했다.

그러던 중 경영 환경이 점차 어려워질 것으로 예측한 지주회사에서 직원들을 대상으로 혁신되지 않는 원인에 관한 실문조사를 실시했다.

그 결과 '사장의 마인드' 때문에 혁신이 안 된다고 대답한 비율이 제일 높았다. 사장이 권위적인 마인드로 임원과 직원들을 일방적으로 밀어붙여 의사소통이 막혀 있다는 것이었다. 결과를 본 지주회사의 교육 담당자는 '사장이 변해야 회사가 변한다.'는 지극히 당연한 원칙에 따라 사장에 대한 코칭을 의뢰해 왔다. 권위적인 사장이 코칭을 적극 수용할 리 없었다. 그래서 코치는 사장을 코칭한다는 인상을 주지 않고, 회사의 경영 컨설팅에 대해 자문을 하는 형식을 빌려 첫 코칭 미팅을 했다.

사장에게 회사 경영에서 어려운 점이 무엇이냐고 묻자 사장은 부하들의 업무 형태가 전혀 마음에 들지 않고 새로운 아이디어도 없고 적극적이지도 않아서 고민이라고 했다. 회사가 발전하려면 회사 분위기가 활기차고 직원들도 자발적으로 움직여야 하는데, 도무지 그런 문화가 만들어져 있지 않다며 불평했다. 동시에 수익을 유지하는 것은 사장 개인이 잘하고 있기 때문이라는 것을 은연중에 자랑했다. 회사에서 설문조사를 한 것과는 전혀 다르게 생각하고 있는 사장에게 말했다.

"한 권위적인 아버지가 있어요. 아버지가 퇴근하고 집에 들어가면 거실에서 잘 놀던 아이들이 슬쩍 인사하고 방으로 들어가 버립니다. 외출할 때도 인사하지 않고 몰래 나가고, 아버지와 말도 잘 안 하려고 해요.

아버지는 이런 아이들이 버르장머리가 없다고 혼을 냅니다. 이런 가정이 변하려면 아이들이 변해야 할까요? 아버지가 변해야 할까요?"

나는 회사 문제를 가정생활에 비유하면서 설명해 나갔다. 아버지가 아들을 야단치는 마음에는 사랑이 깔려 있다. 그런데 아들은 아버지가 야단치고 혼내는 것을 달가워하지 않는다. 사랑하는 마음이 있다고 하더라도 아들에게 문제가 있고 행동이 잘못되었다고 지적한다면 아들은 사랑을 느끼기 전에 아버지의 표면적인 말에 반발하거나 아버지를 피하려고 한다. 반대로 아버지가 아들에 대해서 진심으로 사랑을 표현하고 아들의 훌륭한 점을 인정하면서 조언과 지적을 해 주면 상황은 달라진다. 아들은 진심으로 아버지를 따르고, 아버지가 훌륭하다고 믿어주는 대로 아들은 훌륭하게 행동하게 된다.

마찬가지로 사장이 임직원들을 무능하다고 경시하는 마음으로 대하면 임직원들은 사장의 그런 부정적인 마음에 반발한다. 그러나 사장의 말이기 때문에 겉으로는 수긍하는 척하며 사장의 눈치를 본다. 문제는 이런 상황이 반복될수록 직원들은 실제로 그렇지 않음에도 무의식적으로 자기를 무능한 사람이라고 믿게 되는 것이다. 이런 믿음은 직원들 내면에 잠재된 훌륭한 능력이 발휘되는 것을 가로막는다. 그런데 만약 사장이 '우리 회사 직원들은 탁월하다. 곧 그 능력을 활발히 펼치게 될 것이다.'라고 믿고 있다면 어떻게 될까? 무능하다고 믿을 때와 반대의 프로세스가 진행되어 시간이 다소 걸리더라도 직원들은 자기도 미처 인식하지 못한 능력을 펼쳐 보이게 된다. 임직원들의 업무성과는 사장의 믿음에 상응하여 나타나는 것이다.

🍃 위로부터의 변화

나는 '외부적 상황은 자신의 신념대로 된다.'라는 원리를 6~8회의 코칭에 걸쳐 설명했다. 처음에는 이해하지 못하던 사장도 코칭이 진행될수록 임직원들이 무능한 것이 아니라 내가 임직원들을 무능하다고 생각했기 때문에 직원들이 기를 펴지 못하게 된 것이었음을 받아들이려고 했다. 그리고 최고 리더가 권위적으로 행동했기 때문에 밑에서 새로운 아이디어가 올라오지 못하고, 회사의 성장도 기대에 미치지 못한 것이라는 설명에 마음을 열기 시작했다.

 코칭이 10회쯤 지났을 무렵 사장은 직원들이 소극적이고 주눅이 들어 있었던 것이 자기 탓이었음을 정말로 알겠다고 말했다. 권위적이지만 예리한 통찰력을 가지고 있었기에 보이지 않는 파동의 관계를 직관적으로 이해하게 된 것이었다. 그리고 사장은 지금까지 직원들의 태도를 바꿔보려고 일부러 긴장을 주고 야단을 쳤다면서 그렇게 해야 사장으로서의 권위가 세워질 것으로 생각했음을 털어놓았다. **권위는 스스로 세우는 것이 아니다. 리더가 진실한 마음으로 부하들을 대할 때 저절로 생기는 것**이다.

처음에는 코칭을 중요하게 여기지 않았던 사장이 이런 생각의 변화를 체험할 수 있었던 것은 코칭 횟수가 거듭될수록 코칭 내용이 신선하고 깊다는 것을 느꼈기 때문이다. 다시 말해 지식으로 알기에 한계가 있는 인간의 무의식적 마음을 직관적으로 통찰하는 코칭에 자기도 모르게 몰입하면서 코칭 내용을 깊이 받아들이게 된 것이었다.

신념이 변화되는 과정에 들어선 사장에게 현장에서 활용하는 방법에 대해 설명했다. 사장에게 친아들이나 친동생을 정성껏 이끌어주듯이 직원들에게 사랑을 바탕으로 설명하고 더 잘할 수 있도록 격려하고 칭찬하라고 말했다. 격려와 칭찬은 단어로는 익숙해도 자연스럽게 습관처럼 되려면 개인의 지속적인 노력이 필요하다. 이때 중요한 것은 진심이 담긴 격려와 칭찬을 해야 한다는 것이다. 어떤 원칙이나 지식을 기억해서 하는 것이 아니라 부정적인 믿음이나 편견 없이 순수한 마음으로 잘한 점을 칭찬하고, 잘못한 것은 더 잘할 수 있도록 격려해 주어야 한다.

코칭이 끝난 얼마 후 교육담당자에게 사장이 전 직원을 소집한 월례조회에서 이렇게 선언을 했다는 소식을 들었다.
"회사의 성장이 더딘 것은 제 책임입니다. 제가 발전의 걸림돌이었음을 알았습니다. 제 마음부터 개선하겠습니다."

담당자는 당시의 상황을 설명하며 직원들이 모두 깜짝 놀랐다고 했다. 여기저기에서 "사장님이 웬일이야?" 하고 술렁거리는 소리, "얼마나 가겠어?" 하고 빈정거리는 말까지 다양한 반응이 나왔다고 했다. 사장은 웅성거림에 아랑곳하지 않고 코칭을 받으면서 느낀 바를 솔직하게 이야기하며 직원들에게 진심으로 사과하고 본인부터 변하겠노라고 거듭 강조했다고 한다.

후에 사장을 만나서 얼마나 실천하고 있는지를 물었다. 사장이 자신감 있는 표정으로 말했다. 결제할 때 부드럽게 대하고 이전 같으면 화내고 꾸짖었을 상황에서도 격려하고 힘을 북돋아 준다고 했다. 또한, 부정적인 표현도 긍정적으로 바꾸고, 중요한 의사결정 사안에 대해서는 임원들의 의견을 적극적으로 듣고 토론하며 함께 결정한다고 했다.

안하무인이던 사장이 자애로운 아버지처럼 변화되는 모습을 보며, 직원들은 깊은 감동을 받았다. 그러자 숨겨 놓았던 열정과 능력을 하나둘씩 꺼내놓기 시작했다. 경직된 생각이 유연해지고, 움츠러들었던 마음이 활짝 피어났다. 생각을 아무리 짜내도 나오지 않던 아이디어들이 샘솟았고, 중간만 하면 된다는 안일한 태도에서 내가 먼저 해보겠다는 적극적인 태도로 일에 임했다. 이렇게 전에 없던 회사의 활기찬 분위기와 직원들의 생동감 넘치는 눈빛을 보며, 사장은 리더가 변하면 조직이 변한다는 평범한 진리를 실감하게 되었다고 했다.

변화의 결과는 엄청났다. 회사는 1년 목표 매출액을 1/4분기에 달성해버렸고, 현금 흐름은 170% 향상되었다고 했다. 이전에는 매출 대부분이 국내에서 일어났는데, 직원들이 진취적으로 도전하여 새로운 해외시장에서도 거래를 성사시키게 되었다. 전 같으면 상상도 할 수 없었던 성과 앞에 사장과 임직원들이 한마음으로 기뻐했다. 회사의 모든 사람들이 하나가 되어 즐겁고 보람차게 이익을 창출해 나가게 된 것이다.

최악의 고과평가 받아들이기

나에게 닥친 **모든 일**은 **나**를 **발전**시켜 준다

농부가 봄에 씨앗을 뿌려 가을에 수확하듯이 직장인은 목표 달성에 따른 결과를 주기적으로 평가받는다. 평가 결과가 만족스러운 사람도 있지만, 일부 직장인들은 인사고과가 평가자의 주관에 너무 치우쳐 있어서 자기가 제대로 된 평가를 못 받는다고 생각한다. 그런데 불만을 품는다고 하여 평가결과가 뒤집어지는 것도 아니고, 스스로에게도 이롭지 않다. 평가를 받는 사람은 어떤 태도를 가지는 것이 현명할까?

🍃 결과에 집착하는 마음

한 대기업에서 상품개발을 담당하고 있는 우상진 과장은 고과 때문에 고민이 많았다. 그는 평소 야근을 마다치 않고 열심히 일하여 업무 목표를 달성해 왔다. 그럼에도 불구하고 팀에서 2년 연속으로 최저 고과를 받았다. 반면에 자기보다 일을 적게 했다고 생각하는 동료들은 자기보다 높은 고과를 받았다. 이런 평가 결과를 그는 수용할 수 없었다. '일은 소처럼 시켜놓고 평가는 이렇게 부당하게 줄 수 있나? 한 번도 아니고, 두 번씩이나…… 야근까지 마다하지 않고 일을 해 왔는데.' 하는 불쾌한 생각이 계속 들었고, 고과를 매긴 팀장이 미워졌다.

그러던 어느 날, 만나는 사람마다 팀장 욕을 하는 자신의 모습을 보고는 화들짝 놀랐다. 자신이 제일 싫어하는 사람이 매일같이 불평을 쏟아내는 사람이었는데, 어느새 자신이 그런 사람이 되어 있다는 게 믿기지 않았다. 도대체 어디서부터 잘못되었는지 모르겠다며 복잡한 심경을 털어놓았다.

"예전에는 팀장과의 관계가 그렇게 나쁘지 않았는데…… 아니, 팀장이 제대로 된 고과만 매겨 줬어도 내가 이렇게 되지는 않았을 텐데……. 왜 이렇게까지 되었을까요?"

우 과장이 이토록 마음이 괴로워진 이유는 그가 평가를 염두에 두고 일을 해왔기 때문이다. 그의 무의식에는 '결과에 대한 집착된 마음'이 숨어 있었다. 우 과장은 상사에게 인정받고 싶고, 동료보다 능력 있음을 보여주고 싶은 욕구가 컸다. 그래서 야근도 많이 하고 일도 더 많이 맡아 왔는데, 기대만큼 평가가 좋지 않자 낮은 평가를 한 팀장이 원망스러워졌던 것이다. 다시 말해서 자기 무의식적 집착 때문에 평가 후에 마음이 불편해졌는데, 이를 모르고 문제의 원인을 팀장에게서 찾고 비판하면서 자기의 섭섭한 마음을 해소하려고 한 것이었다.

우 과장은 처음부터 평가에 민감한 것은 아니었다. 다만 동료와 비교되고 경쟁 상황에 놓이면서 더 잘하고 싶은 욕구가 생겼고, 그러면서 잘한 것은 더 인정받고 싶은 마음이 점점 커진 것이다. '더 잘해야 하는데, 더 인정받고 싶은데.'라는 생각은 자연스럽게 평가 결과에 예민하게 반응하는 것으로 나타날 수밖에 없다. 따라서 그 생각이 유지되는 한 우 과장은 지금의 팀장이 아닌 다른 팀장을 만나도 비슷한 문제를 겪을 것이 분명했다. 그는 상사와 나쁜 관계로 남고 싶지도 않고, 평가에 예민한 사람으로 남고 싶지도 않다고 말했다.

나는 우 과장이 지나간 평가 때문에 마음이 불편해지지 않도록 과거가 무엇인지 설명했다. 과거는 모두 자기 생각 속에 있는 것이다. 과거는 지나간 꿈이고 옛날 일이며 자기 생각 속에 재결합된 기억일 뿐이다. 역사상 탁월한 스승들도 과거란 정말 있는 것이 아니라고 말했다. 자기 생각의 수준이 높아지면 과거사에 대한 해석이 바뀌며, 그 일을 떠올려도 현재의 내 감정이 손상되지 않는다.

군대 선임으로부터 심하게 구타를 당했던 한 청년이 있었다. 청년은 그 사건이 너무 치욕스럽고 억울했다. 선임만 생각하면 화가 나고 증오심이 생겨서 제대 후에 선임을 찾아가 해코지를 하겠다는 계획도 세웠다. 그러던 청년이 과거의 일은 진짜 있는 것이 아니라는 설명을 이해하고, 자기 내면의 즐거움과 행복을 발견하게 되었다. 아픈 기억은 까맣게 잊은 채로 자기 일에 즐겁게 몰입하며 생활하다가 한 교육에 참여하였다. 교육 중에 과거의 가장 기분 나빴던 일을 떠올리는 시간이 있었다. 청년은 군대에서의 구타사건을 생각해 냈다. 그런데 신기하게도 예전처럼 기분이 나쁘다거나 화가 나지 않았다. 그때의 상황과 선임의 목소리, 표정 등은 선명하게 기억이 났지만, 마음에서는 전혀 동요가 일어나지 않았다.

이처럼 업그레이드된 마음에서는 과거의 기분 나빴던 일이 떠올라도 지금 기분 나빠지지는 않는다. 무엇이라도 **자기 마음이 발전된 만큼 느끼는 것**이기 때문이다.

평가 결과를 자꾸 떠올리던 그의 마음이 다소 진정되자 나는 그의 역할을 분명하게 인지시켜 주었다. 평가는 그의 역할이 아니다. 과장으로서 자기 부하를 평가할 수는 있지만 우 과장에 대한 평가는 팀장의 역할이다. 팀장이 자기의 기대대로 높은 평가를 해주길 바라는 것은 팀장의 고유한 권리를 침해하는 월권이다. 그는 실무자로서 자기

업무를 책임감 있게 완수하면 된다. 무슨 일을 하든지 일의 평가를 염두에 두지 않고 성의껏 맡은 일을 수행하는 것이다.

그럼에도 우 과장처럼 평가 결과때문에 스트레스가 심해지고 관계에서도 문제가 발생한다면 그 상황을 바라보는 자기의 관점을 높여야 한다. '전부 나를 발전시키는 일이야. 나는 잘했다고 생각했지만 다른 관점으로 볼 수도 있구나. 나도 몰랐던 나의 부족한 점을 깨우쳐 주는 거야. 모든 것에 감사해.'라고 생각을 전환하는 것이다.

🍃 평가로부터 자유로워지기

열심히 노력했는데 인정받지 못할 때, 업무상 난관에 부딪혔을 때, 대인관계에서 오해가 생겼을 때, 상사로부터 심하게 혼이 났을 때, 억울하게 비난을 받았을 때 등 자기가 바라지 않는 어떤 상황도 자기를 발전시켜 주는 기회이다. 자기의 무의식이 비춰진 현실에 적신호가 켜진 덕분에 내가 미처 알아채지 못한 집착을 통찰할 수 있게 된다. 또한, 더 현명한 생각에 집중함으로써 의식이 성숙하고, 그만큼 현실은 자기가 원하는 삶으로 발전되어 간다. 그러니 어떤 불편함이라도 자기를 돕고 성장시키는 것이며, 그래서 감사하지 않을 수가 없다.

우 과장은 모든 것이 자기를 발전시키는 고마운 일이라는 생각을 하며, 팀장님에게 섭섭했던 마음을 거두어들일 수 있었다. 그리고 돌아

보니 그동안 팀장 밑에서 일하면서 자기의 역량이 2년 전보다 엄청나게 성장해 있음을 알 수 있었다. 평가가 섭섭하다고 느낄 만큼 성과를 낼 수 있게 된 것도 따지고 보면 팀장의 지원과 신뢰 덕분이었는데, 마치 혼자서 다 한 것으로 착각한 것이었다.

이후로 우 과장은 팀장에게 정말로 고마운 마음을 느끼면서 일에 임했다. 전에는 자기에게만 일을 준다고 불평했었지만, 지금은 팀장이 지시하는 모든 일은 나를 발전시켜 주는 일이라고 여겼다. 자기에게 어떤 평가와 지적이 오더라도 '고마운 일이다.'라고 여기며 진짜 고마운 마음이 느껴지도록 집중했다. 때로 '이게 어떻게 고마울 수가 있어!' 하는 마음도 들었지만, 욱하는 마음을 접고 고마움으로 전환하는 연습을 지속했다.

고마운 마음 느끼기를 꾸준히 실천한 우 과장은 자신이 달라졌음을 확실히 알게 되었다. 다른 사람들의 평가에 연연하지 않을 정도가 된 것이 느껴졌고, 평가 결과 자체가 중요하지 않으며, 어떤 것도 발전을 위한 고마운 과정임을 자연스럽게 떠올릴 수 있게 되었다. 의도적으로 전환하던 생각이 무의식에 녹아내리면서 신념이 된 것이었다. 그러면서 일이 훨씬 수월하게 진행되고, 효율과 성과까지 높아지고 있다고 했다.

자기가 맡은 일을 즐겁게 하면서 결과에 대해 집착하지 않으면 결과를 염두에 둘 때보다 오히려 더 좋은 성과를 낼 수 있다. '웃으면 복이 와요'라는 속담처럼 사실 좋은 결과 때문에 기분이 좋아지는 것이 아니라 즐겁게 몰입하니 좋은 결과가 저절로 오는 것이다. 그러니 지금 자기에게 주어진 평가가 좋지 않다고 해서 외부 대상을 향해 원망하거나 섭섭해 하지 말자. 과거에 대한 기억은 지금 내 생각이 바뀌면 언제든지 달라지는 것임을 기억하고, 고마운 마음으로 미래의 성취된 느낌으로 현재에 몰입하자. 새롭게 다짐을 했더라도 중간에 지쳐지지 않을 수 있다. 그래도 결국 모든 것이 발전의 과정이므로 미리 낙담할 필요가 없다. 꾸준히 집중해서 고마움을 느껴보자. 100번 져도 101번째 이기면 된다.

Healing 21

스트레스와 압박감으로부터 해방되기

미리 감사하면 이루어진다

TV나 신문을 보면 많은 직장인이 샐러리맨의 '별'이라고 일컬어지는 임원이나 CEO가 되기를 희망한다고 한다. 한편으로는 신문이나 뉴스에서 간간이 대기업 임원들의 자살 소식이 들려온다. 임원이 되면 높은 연봉과 자동차 제공 등 일반 직원일 때와 비교할 수 없는 혜택을 누릴 수 있다. 그래서 외부인들은 임원을 부러워한다. 그러나 정작 본인들은 혜택을 누릴 수 있는 마음의 여유가 없다. 실적에 대한 압박감과 스트레스는 심각한 수준이다.

문제는 이런 상태가 심해지면 당사자의 정신이 피폐해질 뿐만 아니라 리더의 부정적인 정서가 바이러스처럼 조직에 퍼지는 데 있다. 그래서 세계 최고 리더십 전문가인 웨렌 베니스는 리더가 해야 할 가장 중요한 일 중 하나로 '자기 경영'을 든다. 그는 "무면허 의사처럼 엉터리가 되고 싶지 않다면 내적 성찰에 힘써야 한다."며 자기 성찰의 중요성을 강조했다. 그러나 그것이 말처럼 쉽지는 않다. 어떻게 해야 정신이 건강한 리더로서 일할 수 있을까?

🌿 더 잘해야만 살아남는 현실

건설회사에서 해외플랜트 영업을 담당하고 있는 이성식 상무는 기술직으로 입사한 지 20년 만에 상무로 진급했다. 그는 강한 승부욕과 열정을 가진 리더였다. 꼼꼼하고 완벽을 추구하는 업무처리 능력과 적극적이고 외향적인 성격은 해외영업 담당에 적격이었다. 그는 신입사원부터 꿈에 그리던 임원이 되었을 때 드디어 이루었다는 성취감에 기뻤다고 했다. 회사에서의 높은 대접과 연봉, 직원들의 부러워하는 시선으로 그동안의 고생을 보상받는 듯했다.

그러나 그 기쁨도 잠시, 실적이 모든 것을 말하는 정글에서의 삶이 시작되었다. 더 높은 성과를 내야 한다는 압박감은 심한 스트레스였다. 특히 주위 임원들이 낮은 실적 때문에 자의 반 타의 반으로 퇴직하는 것을 볼 때면 더 잘해야만 살아남는다는 위기감이 든다고 했다.

이 상무가 말했다.

"수주 실적이 3개월에서 6개월 정도만 떨어져도 곧바로 퇴직대상에 오릅니다. 퇴직하지 않으려면 발버둥을 쳐야 하는 게 임원의 삶이라던 한 선배의 말을 이해할 것 같습니다. 돈과 일과 명예도 좋지만, 실적을 보여줘야 한다는 압박감, 고객과 만날 때의 긴장감, 부하들을 잘 이끌어야 한다는 책임감, 회사의 장기적인 성장과 단기적 성과 추구 사이에서의 의사결정 딜레마, 중요한 결정을 내려야 하는 외로움은 너무 큰 스트레스입니다. 마음 편히 잠들어 본 날이 언젠지 기억이 나지 않습니다. 아주 가끔 다 놓아버리고 싶을 때도 있지만 부양해야 할 가족들이 있기 때문에 갈등이 있어도 일을 그만둘 수가 없습니다."

스트레스에 짓눌린 이 상무에게는 마음의 여유가 필요했다. 그러나 그는 마음의 여유가 자기 처지에서는 사치와 같다고 생각했다. 정글에서 생존하려면 힘들어도 참고 일에 더 집중해야 한다고 판단했기 때문이다. 그렇지만 그것은 마음의 여유가 어떤 도움을 주는지 느껴보지 못한 데서 오는 막연한 생각이었다. 마음의 여유를 가지면 생각이 더욱 지혜로운 방향으로 전환되고 일이 순조롭게 되는 동시에 스트레스에서 자유로워진다.

🍃 마음을 여유롭게 하는 명상

마음이 여유롭다는 것은 할 일을 내버려두거나 모른 척 회피하는 것이 아니다. 미래에 대한 걱정이나 일에 과도하게 짓눌리는 압박감이

나 자리를 지켜야 한다는 의무감과 같이 불편한 정서들로부터 자유로워지는 것이다. 또한, 마음이 여유롭다는 것은 스트레스를 덜 받고, 때로 스트레스를 받는 상황이 오더라도 스스로 그 스트레스를 완화할 수 있는 상태를 말한다. 만약 이 상무가 이런 마음의 여유를 느낀다면 잡념 없이 업무에 전적으로 몰입할 수 있게 되고, 새로운 아이디어도 쉽게 찾을 수 있다. 치우침이 없이 현명한 의사결정을 할 수 있고, 긴박한 상황에서도 평정심을 유지할 수 있게 된다.

마음의 여유를 가지기 위해 생활에서 실천할 수 있는 가장 좋은 방법은 바로 명상이다. 명상은 마음의 여유를 찾아주는 가장 강력한 방법으로, 동양에서는 오래전부터 자기 수련의 핵심으로서 명상을 실천해 왔다.

명상은 내면의 깊은 의식을 만나는 길이며, 잡념이 줄고 더 넓은 마음을 느끼게 한다. 이것이 생활에 적용되면 마음의 여유를 느끼면서도 집중력이 향상되고 사고의 유연성과 통찰력이 높아진다. 서양에서는 명상의 효과에 대한 여러 가지 과학적 연구 결과를 내놓고 있으며, 이러한 과학적 검증을 바탕으로 서양의 명상 인구는 시간이 갈수록 늘어나고 있다. 명상은 수도하는 사람들만 하는 것이 아니라 생활에서 누구나 쉽게 접할 수 있는 자기 계발 방법이라고 인식이 전환되고 있는 것이다.

이 상무는 명상이 좋다는 것을 들어봤지만, 명상에 대한 방법과 내용이 다 제각각이라 선뜻 접근하지 못했다고 했다. 방법이 가지각색이더라도 **명상의 본질은 결국 '좋은 느낌에 몰입하는 것'**이다. 좋은 느낌에 몰입하려면 좋은 생각이 선행되어야 한다. 그러므로 명상은 좋은 생각을 지속하여 좋은 느낌이 자기에게서 자연스럽게 올라오도록 하는 것이라고도 말할 수 있다.

명상을 하기 위해서는 거리를 이동하며 많은 시간을 낭비할 필요도 없고 어렵게 배우지 않아도 된다. 단지 조용히 집중할 수 있는 곳과 약간의 시간만 있으면 누구라도 당장 시작할 수 있다. 물론 꾸준한 명상으로 의식이 깊어지면 시간과 장소는 상관이 없어진다.

중요한 것은 '좋은 생각의 내용'이다. 좋은 생각의 내용은 명상의 목적이 무엇이냐에 따라 달라진다. 만약 명상의 목적이 인간 본연의 의식을 알기 위한 것이라면 생각의 내용을 '자기의 본질'에 맞추어야 하고, 삶에서 어떤 것이 이루어지기를 바란다면 생각의 내용을 '바라는 것이 이미 완성되어 있는 모습'에 맞추어야 한다.

전자는 전문적으로 마음을 수련하는 사람들에게 주로 해당되는 목적이다. 일상 생활인이라고 할지라도 물질의식을 넘어 보다 높은 가치인 완전한 행복이나 흔들림 없는 중용과 평안을 추구한다면 '본질'

에 대해 명상을 하면 된다. 어떤 방법으로도 해결하지 못한 장애에 부딪혔을 때에도 '본질'에 대한 명상을 하면 본질의 정서를 느끼면서 장애를 초월할 수 있다.

후자는 이 상무와 같이 스트레스 없이 일하며 능력을 더 크게 발휘하고 싶은 임원을 비롯한 대다수 직장인에게 해당하는 목적이다. 이렇게 현실적 목표가 이루어지길 바라는 이들을 위한 명상을 일컬어 '자기의 완성 다지기 명상'이라고 한다. 자기의 완성된 모습을 마음으로 그리고, 그때의 기쁨과 성취감을 느끼며, 이룬 것에 대하여 미리 감사하는 마음을 충분히 느끼는 것이 '자기의 완성 다지기 명상'이다. 간략한 순서는 다음과 같다.

[자기의 완성 다지기 명상 방법]

1. '정말로' 이루고 싶은 것을 목표로 정하라.
2. 목표가 이루어졌을 때의 상황을 '리얼하게' 상상해 보라. 이미 완전하게 된 장면을 구체적으로 떠올리고, 그 때 무엇이 보이는지, 누구를 만나는지, 어떤 말을 하는지, 무슨 소리가 들리는지를 그려 보라. 마음에서 어떤 느낌이 드는지 느껴 보라.
3. 이미 이루어졌음에 '감사하고 고마운 마음을 진실하게' 느껴라.

자기의 완성 다지기 명상을 하는 데에는 많은 시간이 필요하지 않다. 무의식에 좋은 생각이 가장 잘 스며드는 시간인 잠들기 전과 아침에 일어난 직후에 15분씩만 자기의 완성을 마음으로 그리고 느끼면 된다. 명상이 잘 되면 시간을 더 늘릴 수도 있고 횟수를 늘릴 수도 있다. 명상의 자세는 오랫동안 앉아 있어도 편안하고 단정한 자세인데, 주로 책상다리를 하고 앉아서 허리를 똑바로 펴고, 두 손은 양쪽 무릎 위에 각각 올려놓은 후 손바닥이 자연스럽게 위를 향하도록 한다. 의자에 앉아서 한다면 허리를 등받이에서 떼어 곧게 세우고, 다리는 단정하게 모으며, 두 손은 마찬가지로 손바닥이 위를 향하도록 하여 다리 위에 올리면 된다. 이때 눈을 감으면 시각을 차단하여 명상에 몰입하는 데 도움이 된다.

명상을 시작하고 2주가 지났을 무렵 이 상무가 찾아왔다.
"제가 원하는 모습을 상상해야 하는데, 눈을 감으면 그 모습을 생각할 새도 없이 잡념들이 많이 떠오릅니다. 오늘 처리하지 못한 일이나 내일 해야 할 일, 또 기분 나쁘고 언짢았던 일이 계속 생각납니다. 그 생각들 때문에 오히려 골치가 더 아픈 것 같기도 하고, 어떤 날은 멍하게 앉아 있다가 꾸벅꾸벅 졸기만 했습니다."

밖으로 나타난 현상에만 집중하던 사람이 자기의 마음으로 시선을 돌리기 시작했을 때 처음에는 좋은 생각이 잘 떠오르지 않는다. 개인에 따라 좋은 생각에 몰입할 수 있는 정도가 다르겠지만, 대부분의 명상 초보자는 좋은 생각을 새롭게 일으키기보다는 자기 생각의 흐름에 휩쓸려가거나 멍한 상태에 빠지기 쉽다. 어떤 이들은 생각이 폭풍우처럼 몰아치는 것이 싫어서 눈을 감는 것조차 두렵다고 하고, 어떤 이들은 눈만 감으면 잠이 와서 앉아 있을 수가 없다고 한다.

그런데 명상의 필요성을 강하게 느낄수록, 다시 말해 자기를 변화시켜보겠다는 의욕이 강할수록 명상을 방해하는 잡념이나 잠은 곧 물리칠 수가 있다. 잡념에 빠진 것을 알아차린 순간이나 졸음에서 깨어난 순간에 다시 자세를 잡은 후 완성된 모습을 상상하고 그때의 고마운 마음을 느끼면 된다. 자기가 정말로 이루고 싶거나 되었으면 하는 모습을 생각하고, 이루어졌음에 감사한 마음을 되새겨 보는 것이다. 또 회사에서 업무를 하거나 일상생활을 하면서 순간순간 완성된 모습을 떠올려보는 것도 명상에 도움이 된다.

이렇게 꾸준히 반복하면 어느새 잡념은 줄어들고 고마운 마음을 더 많이 갖는 자기를 발견할 수가 있다. 무의식이 정화되면서 '일이 많다. 스트레스가 심하다.'라는 생각이 '이미 이루어져 있는 것을 즐겁게 하면 되는 구나.'와 같은 완성된 긍정의 생각으로 자연스럽게 전환된다. 자기에게 본래 갖추어져 있는 여유와 평화로움, 즐거움이 드러나기 때문에 일에 대한 압박감과 스트레스가 점점 줄어든다. 신선한 아이디어가 잘 떠오르고, 상황을 직관적으로 꿰뚫어 보는 통찰력도 생긴다.

포기하지 않고 1년이 넘게 꾸준히 명상하며 내적 성찰에 힘쓰고 자기 경영 리더로서 모범을 보여주는 이 상무에게 박수를 보낸다.

힐링 원칙 Ⅳ | 대하는 무엇에라도 감사하라

- 일반적으로 칭찬을 받거나 선물을 받거나 진급을 하는 등 고마워할 조건이 생기면 감사하다고 한다. 그러나 어떤 조건이 주어져야 감사하는 것은 본질적인 고마움이 아니다.

- 비는 아무 생각 없이 내려도 그 비로 만물이 소생하듯이, 자기가 대하는 무엇에라도 감사한 마음을 느끼면 의식이 영적으로 개발된다. 감사를 느끼는 것이 자기의 본질을 느끼는 것이기 때문이다. 언제나 감사하는 마음은 걱정이 없고 안정적이며 여유로울 뿐만 아니라 항상 평화롭다.

- '감사하라'라는 말이 익숙한 사람들은 많겠지만, 무엇에라도 감사하며 생활할 때 일어나는 어떤 '힘'을 느껴 본 사람은 많지 않을 것이다. 직접 시도해 보면 놀라운 효과를 경험할 수 있다. 진심으로 꾸준히 모든 것에 감사하면, 감사함을 모르면서 겪었던 문제들이 놀랍게도 쉽게 해결된다. 즉 감사한 마음을 계속 일으키면, 비판하고 걱정하고 결과에 집착하는 마음 때문에 일어난 현실의 곤란한 문제들이 어느새 사라진다.

- 문제가 계속 떠오르고 마음이 경직된 상황에서 감사를 느끼는 좋은 방법은 자

기의 완성 다지기' 명상을 꾸준히 하는 것이다. 먼저 현실의 문제가 해결된 것처럼 생각해 본다. 그리고 이미 문제가 해결되어 자기가 원하던 것이 완성된 모습을 마음에 계속 그린다. 그 모습을 충분히 그리고 나면 일종의 성취감과 기쁨을 느낄 수 있다. 아직 현실적으로 이루어지지는 않았지만, 마음에서는 완성된 그 모습에 감사하는 마음을 느끼도록 한다. 이것을 '미리 하는 감사'라고 하며, 이런 마음을 충분히 느끼는 것이 '자기의 완성 다지기' 명상이다.

- 처음에는 감사하는 마음이 느껴지지 않겠지만, 포기하지 말고 지속적으로 감사한 마음이 일어나도록 좋은 상황에 집중해야 한다. 어려운 것이 아니다. 감사함은 없는 데서 만들어 내는 것이 아니다. 본인의 표면의식으로 느끼지 못했을 뿐 이미 자기에게 갖춰져 있는 것이기에 당장에라도 느낄 수 있다. '자기의 완성 다지기'라는 약간의 노력만 한다면.

- 눈앞에 전개된 상황은 마음의 투사이기 때문에, 마음에서 감사의 파동이 일어난다면 현실은 감사할 만한 상황으로 전개된다. 자기의 본질, 즉 생명의식은 우리의 마음이 감사함을 느끼는 만큼 감각현실에서 감사할 만한 현실을 비춰내기 때문이다.

• 힐링원칙 V •

계산하지 말고, 먼저 남에게 이익이 되도록 하라

싸운 후에 화해하는 법

진심으로 순수하게 사과하라

직장에서 동료 간의 갈등은 흔히 있는 일이다. 업무상의 의견충돌이 다툼으로 번지기도 하고, 성격적으로 불만스러운 부분이 갈등으로 드러날 때도 있다. 심지어는 사소한 문제로 시작된 말다툼 때문에 원수처럼 등을 돌리기도 한다. 이런 갈등과 다툼의 결과는 곧 후회하는 마음으로 나타난다. 다툰 후에 어떻게 하면 원만하고 현명하게 화해할 수 있을까?

자신을 낮추는 능력

의류회사의 마케팅팀에서 일하는 이수환 팀장은 회사 설립 초기에 입사하여 회사와 더불어 성장한 창립 멤버였다. 열정적이고 적극적이면서도 사람들을 세심하게 돌보는 성격 덕분에 일도 잘하고 대인관계도 원만했다. 무엇보다도 회사 상황이 어려울 때 동료를 다독거리면서 함께 이겨냈기에 애사심과 자부심이 대단했다.

그런데 올해 초 회사에서 마케팅 능력 강화를 위하여 외국에서 학위를 받은 조민철 박사를 팀장으로 스카우트하면서 사정이 달라졌다. 회사의 내부 사정을 잘 알고 있는 이 팀장은 화려한 경력의 조 팀장보다 더 탁월한 능력을 회사에 보여주어야 했다. 성과를 인정받아 승진도 해야 했지만, 이 상황은 터줏대감 이팀장에게 자존심이 걸린 문제였다. 이 팀장은 조 팀장과 프로젝트를 협력하여 추진하면서도 조 팀장이 회사 사정을 모른 채 통 큰 생각만 하고 있다고 속으로 비판했다. 겉으로 드러내어 그런 불만을 말할 수는 없었다. 직장생활에서 대인관계의 중요성을 모르는 그가 아니었다.

문제는 한 회식자리에서 일어났다. 이 팀장이 조 팀장에게 불만을 심하게 표현하며, 그의 업무 방식을 비판해버린 것이었다. 다음 날부터 이 팀장과 조 팀장은 다른 직원들이 보기에도 미묘하고 냉랭한 관계가 되었다. 리더들의 마음이 엇갈려 있으니 팀 분위기도 좋지 않았다. 계속 이런 분위기로 가다가는 부하 직원들이 제대로 일을 못하는 것은 물론, 이 팀장과 조 팀장의 시너지도 기대하기 어려웠다. 프로젝트가 성공할지도 미지수였다.

이 팀장이 고충을 털어놓았다.

"주위에서는 저보고 화해를 먼저 청하라고 하는데, 저만 잘못해서 이렇게까지 된 건 아니지 않습니까? 먼저 사과를 하려니 자존심이 상하고 왠지 지는 것 같습니다. 또 이제 와서 사과를 하는 게 모양이 좀 우습기도 하고, 조 팀장이 받아줄지도 모르겠고요."

사과하기를 망설이는 그에게 낮출 줄 아는 능력을 설명했다. 같은 직급에 있는 두 사람 중에 먼저 인사하는 사람이 여유가 있고 강한 사람이듯이, 갈등이 있는 관계에서도 먼저 사과를 하는 사람이 자기를 낮출 줄 아는 더 큰 능력을 갖추고 있는 사람이다. 이것은 자존심이 상하는 게 아니라 자기의 능력을 발휘하는 것으로, 이런 능력을 아끼지 않고 쓰는 것이 진짜 자존심을 지키는 현명한 길이다.

작은 자존심 때문에 사과하기가 싫었던 이 팀장은 자기를 낮추는 능력을 써 보기로 마음을 먹고 용기를 냈다. 며칠 후 이 팀장은 조 팀장과 함께 저녁 식사를 하면서 미안한 마음을 표현하고 스크린 골프를 치면서 자연스럽게 화해를 했다. 자기의 경솔한 언사에 대해 조 팀장에게 용서를 구한 것이다. 조 팀장은 이 팀장의 사과를 받아들이며 자기도 꼭 잘한 것만은 아니라고 말했다. 이 팀장은 냉랭했던 관계도 풀어졌으니 직원들 보기에도 좋을 테고 일하는 것도 좀 편안해지겠다는 안도감을 느꼈다. 그런데 한 달쯤 후에 이 팀장이 다시 나를 찾아왔다.

"서로 화해한 지 얼마 되지도 않았는데, 조 팀장이 또 마음에 안 듭니다. 조 팀장이 저를 사무적으로만 대해요. 사과할 만큼 했는데 왜 그러는지······. 저도 그 사람에게 더 이상 협조적으로 못하겠습니다."

🌿 진심 어린 사과는 통한다

그는 진심으로 순수하게 사과한 것이 아니었다. 본인 스스로는 진심이었다고 생각하겠지만, 무의식에서는 '나도 잘못했지만 너도 잘못한 게 있잖아. 그래도 내가 먼저 사과를 하지. 화해해야 나도 좋고, 팀원들도 편하고, 프로젝트도 잘 완성되지 않겠어?'라는 계산이 깔려 있었다. 그리고 '내가 먼저 사과하면 저쪽도 마음을 풀겠지.' 하는 기대도 품고 있었다.

이런 마음으로 화해를 청하면 조 팀장처럼 표면적으로는 상대방의 사과를 받아들이고 화해를 한 것으로 보일 수 있다. 하지만 사과하는 사람의 무의식에 행위의 결과를 계산하는 이기심이 작용하기 때문에, 다시 말해 잘못을 인정하고 사과하는 마음의 순수성에 결함이 있기 때문에 진정으로 화해하기는 어렵다. 사과를 받는 사람은 '말로만 사과하네. 자기 잘못도 모르면서······.'라며 상대방이 가식적이라고 느끼고, 사과하는 사람은 '내가 이렇게 사과했는데도 나를 형식적으로만 대하다니······.'라고 만족스럽지 않은 감정을 느낀다. 이렇게 마음 한구석에 미세한 응어리가 있으면 화해의 효과가 작다. 따라서 화해하고 얼마 지나지 않아 다시 기분이 언짢아지고 관계는 개선되지 않는다.

사과할 때는 결과에 대해 계산하지 말아야 한다. 어떤 변명이나 합리화시키는 마음 없이 진심으로 순수하게 자기 잘못을 인정하고 상대방에게 용서를 구해야 한다. 자기의 행위가 어떻게 받아들여질지 생각하지 말고, **깊이 있게 자기의 잘못을 인정하고 진심으로 용서를 구하면 참다운 화해**가 된다. 상대방에게 정말로 용서를 받았다면 그것으로 충분하다. 내가 상대방을 용서하고 상대방에게 관용을 베풀었다는 생각을 할 필요는 없다. 왜냐하면, 그 생각에는 상대방도 잘못이 있다는 생각이 포함되어 있기 때문이다.

물론 자기가 계산을 했는지 순수하게 했는지 미세하게 알아채기가 쉽지만은 않다. 지금까지 표면의식으로 말하고 보고 듣고 느끼며 살아왔기 때문에, 그 바탕에 있는 무의식적 생각의 흐름은 잘 파악되지 않는다. 무의식이 있는지조차도 인식하지 못하고, 자기에게서 떠오르는 생각대로 판단하고 행동하는 것이다. 그래서 화해를 할 때 자기 이익을 생각하고 했는지 아닌지 자기는 잘 모른다. 또 진심이 아닌데도 진심이라고 착각하기도 쉽다. 이럴 때는 나에게 떠오르는 생각을 비춰보면 된다. 만약에 화해를 한 후 '내가 먼저 사과했으니 내 마음이 더 넓은 거야.', '사과는 했지만, 자존심이 상한 것 같아.', '내가 사과했는데도 여전히 상대방이 퉁명스럽네.', '내가 할 건 다 했어.'라는 생각이 든다면 진심으로 화해한 것이 아니다. 자기 행위의 결과를 따진 것이다.

이 팀장은 조 팀장을 찾아가 다시 한 번 진심으로 자기의 마음을 전했다. 조 팀장이 받아줄 거라는 기대 없이 진실하고 솔직한 화해를 청하면서 같이 잘 해보고 싶다는 뜻을 표현했다. 진심으로 조 팀장에게 자신이 더 성장할 수 있는 계기를 만들어 줘서 고마운 마음까지 들었다.

이렇게 거짓 없는 미안함과 고마움을 느끼며 사과를 한 이 팀장은 이제껏 보지 못했던 조 팀장의 정말 밝고 따뜻한 표정을 보았다. 그 순간 진정한 화해가 무엇인지 알았다. 조 팀장이 이 팀장에게 "나도 미안했고 서로 도와서 잘해 보자."는 말을 했지만, 이 팀장은 조 팀장이 그 말을 하기도 전에 이미 조 팀장의 마음에서 응어리가 다 풀어진 것을 느꼈던 것이다.

이 팀장처럼 작은 자존심 때문에 사과를 머뭇거린다면 '100% 내가 잘못했다.'라며 부족했던 점을 깊이 있게 인정하고 순수한 마음으로 사과해 보자. 이럴 때 자기의 행위가 개선되며 부족함을 알게 해 준 상대방에게 고마운 마음까지 느끼게 된다. 그러면 상대방도 불편한 마음의 응어리가 풀리고, 자기 또한 옹졸하게 굴었음을 사과해 온다. 그러니 먼저 마음을 열어보자. 진정으로 화해되면서 전보다 더 관대해진 자기를 발견하고, 사람들과 진정성 있는 관계를 맺게 될 것이다.

노력해도 사이가 좋아지지 않는다면

대인관계에서 자기 행동의 이득을 따지지 마라

박영진 대리는 6개월 전 지금의 직장으로 이직했다. 박 대리는 새로운 조직에 적응하는 데 가장 중요한 것이 인간관계라 생각했기 때문에 사람들에게 정말 잘 대해 주었다고 했다. 출근하면 먼저 인사를 하고, 팀장과 동료를 위해 차를 한 잔씩 준비했다. 대화에 관심을 가지고 참여했으며 회식이나 팀 행사에도 빠지지 않고 적극 참석했다. 때로 밥이나 술을 사기도 했다. 그런데 6개월이 지나도록 부서 사람들과 친해지기보다는 여전히 어색한 분위기가 느껴진다고 했다. 박 대리가 말했다.

"친해지려고 제 나름대로 노력하는데, 잘 안 됩니다. 뭔가 벽이 느껴지고 웃으며 대화해도 겉으로 뱅뱅 돌고 있는 것 같아요. '옮긴 지 얼마 안 되었으니 그런 거겠지.' 하고 넘기려고 해도 꼭 그게 답은 아니라는 생각이 들기도 합니다. 이전 회사에서도 대인관계를 잘해 보려고 애를 썼지만, 좀처럼 사람들과 친해지기가 어려웠거든요. 저는 제 개인적인 시간을 빼면서까지 동료를 돕고 잘해 주어도 저한테 친하게 대하는 건 그때뿐이었습니다. 그래서 회사도 옮기게 된 것인데, 이번에 또 그렇게 될 것 같은 안 좋은 예감이 듭니다. 어떻게 하면 좋을까요?"

🍃 마음속에 숨겨진 전제

박 대리가 사람들에게 잘했음에도 친해지지 못했던 이유는 박 대리의 마음에 숨겨진 전제가 있었기 때문이다. 박 대리 스스로 인식하지는 못했지만, 그의 마음에는 '이렇게 하면 빨리 친해질 수 있어. 친해지는 게 회사에서 자리 잡는 데 제일 중요해.'라는 계산적인 생각이 있었다. 자기 이익을 위해 좋은 대인관계가 필요했던 것이었다.

나는 박 대리가 이를 알아챌 수 있도록 두 가지 사례를 들려주었다. 언뜻 보기에는 두 사례가 박 대리의 문제와 전혀 상관이 없어 보일지도 모르지만, 같은 마음의 원리를 적용하면 문제를 해결할 수 있게 된다.

첫 번째 사례는 시즌 중에 8연패의 늪에 빠지고, 성적 순위가 꼴찌에서 오락가락하는 어느 프로야구팀 감독의 이야기였다. 꼴찌에서 벗어나기 어려운 상황에 닥치자 감독은 선수들과 허심탄회하게 대화하는 자리에서 "어차피 꼴찌라면 등수에는 더이상 미련을 갖지 말자! 대신 우리를 응원하는 팬들을 위해서 온 힘을 다하자! 그냥 열심히 게임에 집중하자."라고 결의했다.

그 후 성적에 대한 압박감에서 벗어난 선수들과 코칭스태프들은 편한 마음으로 그야말로 순수하게 경기에 집중했다. 결과는 놀랍게도 파죽지세의 5연승으로 이어졌다. 생각지도 않게 연승을 거듭하자 감독과 코치들은 순위에 대한 욕심이 생겼다. 어쩌면 포스트 시즌에 진출해서 한국 시리즈까지 갈 수도 있다는 생각이 들었다.

승리에 대한 욕심이 은근히 발동하면서 한동안 잊고 지내던 긴장과 조바심이 되살아났다. "이번 게임은 반드시 이겨야 해! 지면 안 돼!" 감독은 코치들과 선수들을 다시 다그치기 시작했다. 야구경기 자체에 몰입하여 최선을 다하는 것이 아니라 순위에 집착하는 욕심이 일어난 것이었다.

감독의 마음이 조급해지고 덩달아 코칭스태프와 선수들이 긴장하면서 팀의 연승 고리는 끊어졌다. 다시 연전연패의 고배를 마시게 되었다. 계속 패하기만 하는 자기 팀을 보면서 감독은 깊은 생각에 빠졌다. 한참을 생각하다가 '아! 욕심을 내니까 안 되는구나! 욕심을 버렸을 때에는 경기에 더 집중할 수 있었는데…….' 하고 깨닫게 되었다.

그리고 '순위에 집착하지 말자. 그래야 이길 수 있겠구나!'라고 생각했다. 다른 코치들과 선수들에게도 "이기겠다는 욕심을 버리고 최선을 다해서 경기에만 집중하자. 그러면 우리가 이기게 될 거야."라고 말했다. 이렇게 마음을 바꾸고 경기에만 최선을 다하는데도 성적은 그리 좋아지지 않았다. 어찌 된 일일까?

실패의 원인은 감독의 말에 숨겨진 전제 즉, 숨겨진 계산에 있었다. 5연승 후 다시 연패의 늪에 빠졌을 때, 감독이 '욕심을 버리자! 그러면 이길 거야!'라고 한 말에는 이미 승리에 대한 집착이 전제되어 있었다. 이 집착은 '시합에서 패할지도 몰라.'라는 숨겨진 생각과 두려운 마음에서 비롯된 것이다. "이기겠다는 욕심을 버리자!"라고 한 것도 '경기에 대한 순수한 몰입'이 아니라 승리를 얻어내려는 계산이 깔린 말이기 때문에 현실을 바꾸는 힘으로 작용하지 못한 것이다.

야구 감독이 정말로 성적이나 순위에 집착이 없다면 순수하게 경기에만 몰입할 것이다. '승부에 욕심을 버리면 편안한 마음이 될 거야. 그러면 그전처럼 승리할 수 있을 거야."라는 경험에 근거한 계산도 하지 않고 몰입할 것이다. 승부라는 생각조차 없이 순수하게 경기 자체에 몰입해서 즐겁게 최선을 다할 때, 잠재의식의 강한 힘이 경기를 승리로 이끌어 주는 것이다.

두 번째 사례는 자식 있는 집에 후처로 시집간 젊은 여자의 이야기였다. 딸 둘이 있는 남자와 사랑에 빠져 결혼까지 한 여자는 남편이 전처와의 사이에서 낳은 6살과 4살짜리 두 딸을 성의껏 보살폈다. 자기가 낳은 아들보다 전처의 딸들에게 더 잘해 주려고 노력했다. 새엄마라서 잘 못해 준다고 느낄까 봐 필요할 것은 미리 사 주었고, 예쁜 옷을 입혔고, 맛있는 음식도 정성껏 해 주었으며, 딸들의 유치원 선생님들도 자주 찾아뵈었다. 친구들이 부러워할 만큼 보기 좋은 도시락을 싸주었고, 유치원에서 엄마와 하는 행사가 있을 때에는 어떤 엄마보다도 열심히 참여했다. 그리고 집에서나 밖에서나 딸들이 착하고 훌륭하다고 칭찬했다.

그러나 그런 새엄마와 함께 있는 딸들의 표정은 밝지가 않았다. 사랑을 쏟고 정성을 다해서 키우는데, 왜 딸들의 표정은 밝지 않았을까?

이 원인 또한 앞에서 말한 야구 감독의 실패 원인과 마찬가지로 순수하지 못한 마음에 있다. 새엄마는 딸들을 정성으로 뒷바라지했지만, 진심으로 잘해준 것이 아니었다. 새엄마로서 애들에게 잘해 줘야 한다는 자기 생각을 만족시키고, 또 친지들이나 주변 사람들에게 '어쩜 그렇게 전처의 자식들에게 정성으로 잘해 줄 수 있느냐? 참 훌륭하다.'라는 칭찬을 듣기 위함이었다. 아이들을 진심으로 사랑하기보다는 자기의 노력이 돋보이길 바랐던 것이었다.

새엄마의 이런 무의식적 계산은 겉으로는 표현되지 않았다. 하지만 어린아이들의 순수한 마음은 부모의 무의식적인 마음을 그대로 느끼기 때문에, 딸들은 새엄마가 아무리 잘해 줘도 그것을 진심으로 느끼지 못했다. 만약 '이렇게 하는 것이 새엄마로서 잘하는 거야. 그래야 모든 사람이 인정하고 칭찬해 줄 거야.'라는 계산된 생각 없이 정말로 딸들을 위하는 마음으로 대했다면, 딸들은 충족된 만족감과 사랑을 느꼈을 것이다.

두 가지 사례를 들은 박 대리는 그제야 자기의 문제가 무엇인지 인식했다. 순수하게 사람들과 친해지고 싶었던 것이 아니라 자기 이익을 위해서 사람들에게 잘해 줬다는 것을 알아챈 것이다. '내가 이만큼 잘해주면 상대방도 나에게 잘해 주겠지.', '내가 이렇게 친절하면 회사에서 좋은 사람이라고 생각하겠지. 그러면 좋은 평판을 얻을 것이고 회사생활에도 이익이 있을 거야.'라고 결과를 계산하면서 행위를 하면 결과가 좋게 나오지 않는다.

왜냐하면, 표면의식으로는 미래의 결과를 계산하지만 자기 무의식은 결과를 계산하기 전인 현재의 마음상태를 인식하기 때문이다. 박 대리가 '사람들과 친해져야지. 대인관계가 좋아야 회사 생활에 여러모로 좋으니까.'라고 따지는 생각 이면에는 '아직 사람들과 가깝지 않다.'는 전제가 있다. 물론 시간이 가면서 가까워지는 부분도 있겠지만, 근본적으로 박 대리의 마음에는 '나는 사람들과 친하게 지내기가 어려워.'라는 믿음이 있기 때문에 시간이 지나도 친해지는 데 한계가 있다. 현실은 자기가 무의식적으로 믿고 있는 생각이 펼쳐지는 것이기 때문이다.

또한, 대인관계에서 자기 행동의 이득을 따지면서 상대방을 대하면 상대방은 계산된 친절과 도움에 무의식적으로 거부감을 느끼게 된다. 드러내놓고 싫어하는 표현을 하지않더라도 왠지 모르게 불편하고 진솔한 느낌이 들지 않는 것이다. 가령 사기꾼이 사람들에게 접근하면, '나는 사기꾼이요.'라고 말하지 않아도 그 사람의 말과 행동에서 진실함과 순수함이 전혀 전해지지 않기에 사람들은 꺼림칙한 느낌을 받는다. 마찬가지로 정도는 약하지만, 회사 내에서 계산적인 대인관계를 맺는 사람들은 겉으로는 대인관계가 좋을지 몰라도 사람들의 마음에는 '정치적인 사람, 순수하지 못한 사람, 계산적인 사람'이라고 인식된다.

나는 박 대리에게 그냥 친절을 베풀고, 그냥 자기의 좋은 감정을 표현하라고 강조했다. 그냥 한다는 것은 내가 사람들에게 얼마나 잘해주고 있는지 또 상대방이 나를 어떻게 대하는지 확인하지 말고, 정말로 순수하게 사람들을 대하는 것이다.

🌿 순수하게 대하기

순수하게 대한다는 것은 어려운 일이 아니다. 자기 본질대로 대하면 된다. 자기 본질의 정서는 친절과 감사다. 어떤 상황에서 누구에게라도 베풀 수 있는 순수한 친절과 감사가 나의 본질이다. 따라서 순수하게 대하려면 나에게 갖춰져 있는 본질의 성분을 아낌없이 쓰기만 하면 된다. 이렇게 할 때 자기 스스로 가장 편안하고 행복할 뿐만 아니라 사람들과의 관계도 저절로 좋아진다. 물론 이러한 이익 또한 생각하지 않아야 한다. 그저 지속적으로 순수한 친절을 베풀면서 고맙고 즐겁게 생활하는 것이다.

박 대리는 몇 번의 코칭을 받으며 자기 마음에 있던 얕은 계산과 인간관계에 대한 부담을 덜어내었다. 잘해보고 싶은 마음은 긍정적이지만, 그것이 지나쳐서 자기를 괴롭히고 있었던 집착을 놓아버린 것이다. 대신 자기에게 있는 순수하고 훌륭한 성분을 발휘하는 데 집중하기 시작했다. 가볍고 홀가분하면서도 진실하게 친절을 베풀고 편안하게 다가갔다. 사람들과의 대화에도 자연스럽게 참여하였고, 별다른 말을 하지 않아도 그 속에서 물처럼 잘 어울렸다. 박 대리는 이런 실천 속에서 자유로워진 느낌이 들었다. 의도적으로 노력했을 때는 맞지 않는 옷을 입은 듯이 불편했는데, 지금은 아주 편안한 옷을 입은 듯이 느긋하고 여유롭다고 했다.

두 달쯤 지나서 박 대리는 자기를 대하는 사람들의 태도가 달라졌다는 소식을 전했다. 가만히 있어도 주변에 사람들이 모이고, 업무 이외의 말을 하지 않던 동료가 자기 고민을 털어놓기도 한다고 했다. 박 대리는 자기에게 일어난 변화들에 놀라워하며, 이득을 따지지 않고 그저 순수하게 대하는 것이 얼마나 강력한 것인지를 새삼 깨닫게 되었다.

누구나 현실 생활을 하다 보면 대인관계나 업무수행 등에서 스스로 최선을 다한다고 생각하지만, 결과가 만족스럽지 않은 상황에 처할 수 있다. 그럴 때 상황이나 주변 사람들을 탓하지 말고, 그런 결과를 만들어 낸 자기의 생각을 한번 살펴보라. 혹시 어떤 의도적인 계산을 하고 있지 않은지, 자기가 했던 것에 대해 기대하는 바가 있지 않았는지, 온전히 그 자체에만 집중했었는지……. 조용히 생각해 보면 자기의 표면적인 의식 속에 숨겨진 전제를 알아챌 수 있다. **계산 없이 순수하게 몰입할 때 자기 내면의 힘이 발휘되어 원하는 것을 어렵지 않게 현실로 성취**할 수 있게 될 것이다.

지속적인 동기부여

대표부터 솔선수범하여 즐겁게 일하라

"어떻게 해야 직원들의 기운을 북돋아 줄 수 있습니까?"

리더십 코칭을 하다보면 누구라도 한 번은 이 질문을 한다. 직원들의 기운을 북돋아 주는 것이 리더들의 중요한 책무로 인식되고 있는 것이다. 단순히 성과에만 집착하는 리더는 직원들의 정서에 크게 관심이 없을 수도 있지만, 사려 깊은 리더는 직원들의 사기를 높여주어야 한다는 것을 안다. 직원들의 사기 진작을 위해 리더가 해야 할 일은 무엇일까?

얼마 전 중소기업을 경영하고 있는 손규한 대표와 면담했다. 그는 직원들의 기운을 북돋아 주기 위해 여러 가지 방법을 써 보았다고 했다. 성과에 따라 인센티브와 보너스를 지급했고, 계절별로 전 직원이 참여하는 이벤트를 열기도 했으며, 1년에 한 번씩은 가족초청행사를 열었다. 팀별 회식비도 넉넉히 지원해 주었다. 그렇지만 손 대표가 보기에 직원들이 신나게 일하는 것 같지 않았다. 행사 전후나 성과급을 줄 때면 분위기가 잠시 밝아지긴 했지만, 얼마 지나지 않아 예전의 무미건조한 분위기로 되돌아가곤 했다. 손 대표가 물었다.

"제가 젊었던 시절에는 일은 많은데 월급이 적어서 참 힘들었습니다. 그때 사장님은 직원들 사기에는 관심이 없고, 오직 일만 열심히 하길 바라셨습니다. 그래서 저는 제가 사장이 되면 다르게 할 거라고 다짐했죠. 7년 전에 회사를 세운 이후로 지금까지 사기 올려주는 걸 우선순위로 두고 노력해 왔습니다. 여느 중견기업과 비교해도 부족하지 않게 성과급을 주고, 다 같이 즐길 기회도 꾸준히 만들었습니다. 그런데 직원들이 그리 신바람 나게 일하는 것 같지 않아 보입니다. 무엇이 잘못된 것일까요?"

손 대표는 자기의 노력을 긍정적으로 평가했다. 객관적으로 보더라도 그의 노력은 참으로 훌륭하다고 볼 수 있었다. 자기의 어려웠던 시절을 비추어 보면서 직원들이 신 나게 일하도록 하려는 마음은 여타의 중소기업 사장님들 마인드에서 찾기 어려운 탁월한 것이었다. 그런데 조금 더 그의 의식을 살펴보니 무엇이 부족했는지 드러났다.

그는 직원들이 신 바람 나게 일했으면 했지만, 정작 그 스스로는 그렇지 못했다. 대표로서 회사를 경영하려니 생각해야 할 게 한둘이 아니고, 책임감이 막중하여 스트레스가 심했다. 최선을 다하면 된다는 신념으로 열심히 일만 해왔던 손 대표에게 즐거움이나 행복이라는 단어는 낯설기만 했다. 손 대표는 열심히 일하는 대표였지만, 즐겁고 행복하게 일하는 대표는 아니었던 것이다.

손 대표는 대표라는 사람은 자동으로 전 직원의 본보기가 된다는 것을 분명하게 인식하지 못하고 있었다. 그는 인센티브나 보너스로 경제적 보상을 많이 해 주고, 때마다 행사를 열어 "늘 수고가 많습니다. 오늘만은 즐겁게 놉시다. 기운 내십시오."라고 격려하는 것이 사기진작에 도움이 될 것으로 생각했다.

그가 적용했던 이러한 사기진작책은 일반적으로 많이 통용되고 있는 방법이다. 그중에서도 인센티브나 보너스를 지급하는 것은 1차적인 만족을 주는 플러스 효과가 있다. 그래서 어떤 기업은 1년에 2번씩 많은 성과급을 지급하여 직원들이 일에 전적으로 헌신하도록 유도하기도 한다.

그러나 이런 물질적 보상의 효과는 오래가지 못한다. 매달 급여를 받을 때의 기쁨은 순식간에 지나간다. 성과급도 마찬가지이다. 보너스가 직원들의 불만을 줄여줄 수는 있지만, 만족감을 높여 줄 수는 없다. 왜냐하면, 인간은 궁극적으로 행복과 즐거움, 성취와 존재감의 확인, 사랑과 배려 등과 같은 정신적인 가치를 추구하기 때문이다. 정신적 가치의 충족이 없는 상태에서 물질적 보상만으로는 지속적인 즐거움과 의욕을 불러일으키기는 불가능하다.

그리고 직원들을 위한 다양한 이벤트와 팀별 회식 등은 사실 직원들보다 '내가 이렇게 직원들을 위하고 있다'는 것을 보여주고 싶은 리더와 관리자의 욕구를 채워주기 위한 경우가 더 많다. 리더들의 입장에서는 그런 행사가 직원들에게 활력을 불어넣어 준다고 생각할 수 있다. 그러나 행사 중에도 직원들은 순수하게 즐기거나 마음 편하게 있지 못한다. 행사는 상사를 위한 자리로 변질되는 경우가 많고, 이럴 때 행사는 직원들에게 반갑지 않은 잡무가 될 뿐이다.

직원들이 의욕을 느끼고 자발적으로 일하는 분위기를 만들기 위해서는 무형의 보상, 다시 말해 정신적 욕구를 충족시켜 주어야 한다. 리더는 직원들이 어떻게 하면 '이 회사에서 일하는 것이 좋다.', '내가 배울 것이 많은 곳이다.', '나의 능력을 인정해 주는 곳이다.', '동료와 함께 하는 것이 즐겁다.'와 같이 회사에 대한 긍정적인 생각을 자연스럽게 할 수 있을지 고민해야 하는 것이다. 고민에 대한 답은 기초로 돌아가면 금방 찾아진다. 말로 하기에는 너무 익숙하여 간과하기 쉬운 원리지만, 새롭게 관심을 두면 언제라도 적용할 수 있다.

 나는 손 대표에게 대표부터 솔선수범하여 항상 즐겁게 일할 것을 강조했다. 손 대표의 의도대로 직원들이 움직여주길 바라지 말고, 자기 자신부터 직원들에게 모범이 되어주라고 한 것이었다. 이것이 리더가 직원들이 신나게 일하도록 도와주는 가장 기초적인 방법이다.
 회사의 리더를 보면서 직원들이 비전을 발견할 수 있다면, "즐겁게 일하라. 의욕을 가져라." 하고 말할 필요가 없다. 이런 리더와 함께 일하는 직원은 자기도 모르게 행복의 파동을 느끼게 된다. 그리고 자연스럽게 훌륭한 리더를 따라가며 자기 일에 즐겁게 몰입한다. 부하 직원의 마음이 리더의 탁월함을 닮아가는 것이다.

 그리고 직접적으로는 직원들이 능력을 마음껏 발휘하고 싶은 마음이 생기도록 진심으로 칭찬하고 격려하도록 했다. '칭찬은 고래도 춤추게 한다.'는 말처럼 칭찬은 칭찬받는 사람의 마음을 고양시킨다. 다만 기억해야 할 것은 칭찬받는 사람이 인정할 수 있는 것에 대해 칭찬해야 한다는 것이다. 본인이 칭찬받을 일이 아니라고 생각하는 것을 칭찬하면, 칭찬받는 사람은 '말로만 칭찬한다.'고 여기며, 오히려 언짢게 느낄 수도 있다. 그래서 평상시에 직원들 개개인에 대한 관심을 갖는 것이 중요하다.
 특히 조직 내의 불화나 상사와 갈등으로 어려움을 느끼는 직원, 주어진 업무가 과중하다고 생각하거나 반대로 자기 일을 가치 없게 여기는 직원에게는 인정과 칭찬이 더욱 효과적이다. 상사가 따로 불러서 '네가 열심히 하는 걸 잘 알고 있다.'고 인식시키고, 직원 자신도 잘한다고 생각하는 점을 칭찬하고 격려하면, 직원의 불편한 마음은 순식간에 사라지고 사기가 북돋아진다.

어떤 리더들은 칭찬해 주면 부하직원이 기고만장해진다고 생각하기도 한다. 이는 진심으로 칭찬을 해본 적이 없는 사람의 짧은 생각이며, 계산된 칭찬만 해본 사람의 생각이다. 진심으로 칭찬하는 리더의 마음은 직원을 정말 잘 되게 해주고 싶은 마음이다. '칭찬하면 일을 열심히 하겠지.'라고 기대하는 것이 아니다. 이런 상사의 순수하고 깊은 마음이 칭찬으로 표현되는 것이며, 상사의 마음을 느끼는 부하직원은 스스로 그 마음에 부응하고자 노력하게 되어 있다.

반대로 '칭찬해 주면 일을 더 열심히 하겠지. 격려했으니 더 분발하겠지.'라는 목적의식을 가지면, 그 효과는 반감된다. 또한 '내가 즐겁게 일하는 모습을 보면 직원들도 본받으려고 할 거야.'라는 계산을 할 경우에도 솔선수범의 리더십이 발휘되지 않는다. 진심에서 우러나오지 않는 말과 행동은 상대방의 마음에 감흥을 일으켜 내지 못하기 때문이다.

맹자께서도 말씀하셨듯이 인간에게는 순수함이 갖추어져 있다. 그러므로 리더는 그저 자기의 순수한 본질로서, 목적의식 없이 자기 일에 즐겁게 몰입하고 직원들을 대하면 된다. 직원이 어떻게 변할지에 대한 기대 없이 오직 그 직원만을 위해서, 그 직원조차 스스로 발견하지 못했던 자신감과 능력을 리더가 먼저 봐주면서 진심으로 격려하고 응원해 주는 것이다.

리더에게서 이러한 진정성이 발휘되기 시작하면 칭찬뿐만 아니라 사소한 관심의 말, 꼭 잡은 악수, 수고한다며 어깨를 두드려주는 손짓, 따뜻한 눈빛 등과 같이 작은 행동으로도 진심이 나타난다. 그리고 직원으로서는 리더의 진심 자체가 큰 힘이 되고, 더 잘하고 싶은 동기로 승화된다. 이럴 때 비로소 이론이 아닌 진심에서 우러나오는 리더십이 저절로 발휘된다. 말로 하지 않아도 '리더가 나를 믿어 주고 있구나. 내가 더 잘할 수 있구나. 한 번 해보자.' 하는 자신감과 열정이 생긴다.

이런 설명을 들은 손 대표는 대표로서 회사를 어떻게 이끌어가야 할지 방향이 단순해졌다면서 기뻐했다. 사기를 높이기 위해서 이것저것 해줘야 한다고 생각할 때는 마음이 복잡하고 스트레스를 받았는데, 자기부터 직원들이 본받고 싶은 롤모델이 되면 해결되는 것임을 새삼 깨달은 것이었다. 손 대표는 스스로부터 행복하게 일하고, 직원들을 진심으로 칭찬하고 격려하겠다고 재차 다짐했다.

리더가 오랫동안 유지해 온 자기의 사고방식과 태도를 확실하게 변화시키는 것은 순식간에 되지 않는다. 오히려 그 과정에서 더 어색한 모습이 나타날 수도 있다. 그러나 리더 스스로 정말로 변화의 필요성을 느끼면, 어색함이 곧 자연스러움으로 바뀌고, 전보다 더 탁월한 리더로 성장하게 된다. 손 대표의 변화는 계속되고 있다. 그가 진정으로 자기 일에서 행복을 느끼는 훌륭한 리더로 거듭나는 과정에서 직원들도 점차 의욕과 열정으로 일하며, 리더의 변화에 동참하게 될 것이다.

잠재능력 키워주기

여건만 조성해주면 된다

흔히 리더십을 리더가 사람들에게 영향력을 미치는 과정이라고 말한다. 또는 목표를 달성하기 위해 사람들을 이끌어가는 능력이라고도 할 수 있다. 회사의 CEO만 리더인 시대는 이미 지나갔다. 어떤 조직이라도 지금 막 들어온 신입사원을 제외하고는 모두 리더이다. 자기 밑에 단 한 명의 부하직원이라도 있으면 리더이고, 협력업체 사람들과 팀을 꾸려 일할 때에도 일을 제안한 사람이 리더가 된다. 과연 어떻게 하는 것이 탁월한 리더가 되는 길일까? 프로젝트 매니저의 사례를 통해 그 방법을 알아보자.

프로젝트 매니저는 프로젝트를 이끄는 리더로서 프로젝트 팀원들과의 수평적 관계를 유지하면서도 수직적인 영향력을 발휘하는 능력이 필요하다. 개인의 업무능력뿐만 아니라 협력사 파트너들과 관계를 잘 맺고, 그들의 능력을 최상으로 이끌어내는 리더십을 발휘하는 것이 필수적이다. 그런데 당장 업무 목표 달성과 성과를 눈앞에 두고, 리더십을 조화롭게 발휘하기란 쉽지가 않다. 주민성 과장의 고민이 바로 그것이었다.

진지하고 심각한 표정에 사무적인 말투를 가진 주 과장의 얼굴에서는 여유와 웃음을 찾기가 어려웠다. 그의 주된 업무는 온라인 콘텐츠를 개발하는 것이었다. 구체적으로는 고객이 요청한 콘텐츠를 개발할 수 있는 집필자를 찾고, 집필자가 개발한 내용을 실제로 구현해 줄 수 있는 제작사를 선정한다. 그리고 집필자가 최상의 콘텐츠를 개발하게 돕고, 제작사는 그 콘텐츠를 최상으로 구현할 수 있도록 관리하는 역할을 맡고 있었다.

완벽을 추구하고, 직업인으로서 일에 대한 책임감이 투철했던 주 과장은 집필자가 집필하는 내용이나 제작사 담당자가 작업하는 내용에 대해 적극적으로 피드백을 했고, 자기의 아이디어도 제안했다. 그런데 그 정도에서 그치지 않고, 자기가 제안한 내용이 콘텐츠에 반영되도록 했다. 자기의 생각대로 개발되고 구현될 때까지 열 번이고 스무 번이고 수정하도록 지시했고, 기한에 맞춰서 수정된 내용을 제출하라고 요구했다. 주 과장은 그들이 보내온 자료를 검토하고 피드백하기 위해 밤샘작업을 하기가 일쑤였다.

그 과정에서 집필자나 제작사와 갈등을 자주 겪었다. 집필자는 주 과장의 아이디어를 받아들이려고 하지 않았다. 주 과장은 집필자를 고용한 주체가 회사인데도 자기가 고용한 것처럼 여겼고, 자기의 의견을 무시하는 집필자가 언짢았다. 제작사도 자기의 업무 지시를 흔쾌히 받아들이지 않고, 자기가 말하는 것에 대해 건성으로 대답하는 것 같아 기분이 좋지 않았다. 프로젝트 매니저인 자기의 말을 경청하지 않는 그들을 생각하면 괘씸했다. 더 좋은 품질을 내기 위한 과정인데, 자기를 불필요하게 간섭하는 사람으로 여기는 것으로 느껴져서 화가 나곤 했다.

그러던 어느 날 상사가 주 과장을 불렀다. 상사는 제작사에서 '너무 깐깐하게 굴고 기분 나쁘게 말하는 주 과장과 함께 일을 못하겠다. 담당자를 바꿔 달라.'는 불만을 털어놓았다고 했다. 한 집필자도 담당자를 바꿔달라고 했다고 한다. 상사는 주 과장에게 갈등 없이 잘 관리할 수 없느냐고 질책했다. 주 과장은 일을 열심히 한 것밖에 없는데, 무엇을 그리 잘못했다고 이렇게까지 질책을 받아야 하는지 알 수 없었다.

주 과장은 더 높은 품질을 위해서 모든 과정에 자기가 개입해야 한다고 믿었다. 담당자들이 자기의 방향대로 잘 따라오지 않으면, 그들을 휘어잡아서 억지로라도 끌고 가야 한다고 생각했다. 물론 이런 주 과장에게도 좋은 품질의 교육 프로그램을 고객에게 제공하겠다는 긍정적인 의도가 있다. 그러나 자기 생각대로 사람들이 움직여주길 바라는 마음이 강했기 때문에 갈등이 자꾸 생겼고, 프로젝트에도 지장을 주고 있었다.

주 과장이 수시로 담당자들의 업무를 지적하고, 더 잘하라고 몰아붙이는 것은 그들의 능력을 믿지 못하는 마음에서 나타난 행동이다. 즉 리더가 부하를 신뢰하지 못하는 것이다. 리더의 신뢰를 받지 못하는 부하는 지적하고 채근하는 상사 앞에서 과도하게 긴장하고 스트레스를 받는다. 이런 마음이 지속되면 '나를 못 믿는구나. 내 능력이 부족한가?'라는 자기 스스로에 대한 불신과 자기를 인정해 주지 않는 리더에 대한 불만이 무의식에 각인된다.

점점 자신감이 상실되고 의욕이 줄어들어 일에 대한 몰입도가 떨어진다. 이 상태에서는 생각이 원활하게 돌아가지 않기 때문에 리더의 기대에 부합하는 새로운 아이디어가 떠오르지 않고 업무처리가 느려지며 실수가 잦아진다. 이런 부하를 보고 상사는 또 지적한다. 리더가 부하를 믿지 못하는 마음에서 비롯된 〈리더의 지적 → 부하의 자신감 상실과 의욕 저하 → 부하의 능력 미발휘 → 리더의 지적〉의 악순환이 끊어지지 않는 것이다.

설명을 들은 주 과장이 말했다.

"그들을 믿지 못한 제가 일을 어렵게 만들고, 그들의 능력 발휘를 막고 있었다는 겁니까?
"그렇습니다. 관리자의 기초적인 마인드가 일의 과정과 성과에 중대한 영향력을 미치는 것입니다."

주 과장의 역할은 프로젝트를 수행하기에 적합한 담당자를 찾아서 그들이 서로 협력하며 자주적으로 일할 수 있는 여건만 조성해 주는 것이다. 여건만 조성해 준다는 것은 그들의 능력을 믿고, 그들이 자기의 능력을 제한 없이 발휘할 수 있는 환경만 만들어 주는 것이다. 다시 말해서, 프로젝트의 방향이 큰 틀에서 잘못되어가지 않는 이상 그들의 어떤 아이디어라도 수용하고 인정해 주는 것이다. 자기 의견을 강요하는 것이 아니라 그들이 의견을 물어 올 경우에 부드럽게 자기 생각을 말하고, 평소에는 행정적인 업무만 처리해 주면 된다.

리더가 믿어주고 업무 여건만 조성해 줄 때 부하는 일을 시키는 대로 하는 수동적인 입장에서 주도적으로 일하는 적극적인 입장에 서게 된다. 자신감이 생기고 의욕이 차오르며 혁신적인 아이디어가 샘솟는다. 내면에 잠재된 능력을 제한 없이 마음껏 발휘하여 탁월한 성과를 창출한다. 리더가 부하를 믿는 마음이 〈리더의 신뢰 → 부하의 자신감과 의욕 강화 → 탁월한 능력 발휘 → 리더의 신뢰〉의 선순환으로 이어지는 것이다.

자기가 개입해야 직성이 풀렸던 주 과장은 몇 개월에 걸쳐 코칭을 받으며 여건만 조성해 주는 연습을 꾸준히 실천했다. 자기 의도와 계획대로 딱딱 맞춰주길 바라지 않고 담당자들이 편안한 마음으로 일할 수 있도록 도왔다. 주 과장은 처음에는 믿고 기다리는 시간이 너무 길고, 잘 안 될지도 모른다는 걱정이 자주 들었다고 했다. 그렇다고 예전처럼 일과 인간관계 때문에 갈등을 겪고 스트레스를 받는 생활로 돌아가고 싶지는 않았다. 그래서 지적하고 싶거나 의견을 제시하려는 생각이 올라오면 잠깐 멈추어서 '잘 될 거다. 믿고 기다리자.'라고 꾸준히 생각을 전환했다.

그 결과 주 과장은 담당자들의 의견을 긍정적으로 수용할 수 있게 되었다. 자기의 의견이 수렴되지 않아도 기분이 나쁘지 않았다. 오히려 자기가 의견을 주장하지 않을수록 담당자들이 더 많은 아이디어를 제안하는 것을 발견하게 되었다. 그뿐만 아니라 담당자를 장악하려고 애쓸 때보다 여건만 조성해 주고 믿고 지지해 주는 지금, 담당자들이 훨씬 더 열심히 일하고 탁월한 성과를 낸다는 것도 확인하게 되었다.

프로젝트 매니저로 일하고 있는 주 과장을 예로 들어서 설명했지만, '여건만 조성해 주라.'는 메시지는 어떤 리더에게도 적용된다. 그러므로 지금 내가 단 한 사람의 부하라도 이끌고 있는 리더라면, 주 과장의 사례를 다시 한 번 음미해 보고 적용해 보자. 느리게 가는 듯이 보일지 모르지만, 여건만 조성해 주는 것이 넓은 시각으로 보면 인재를 개발시키는 가장 빠르고 현명한 방법이며, 리더로서의 성숙한 마인드를 키우는 지름길이다.

부부 싸움 그만하기

자기 이익을 고수하면 충돌이 일어난다

결혼 10년차인 홍진수 씨와 유미영 씨는 맞벌이하면서 슬하에 초등학교 1학년 딸과 유치원에 다니는 6살 아들을 두고 있었다. 겉으로 보기에는 평범한 가족이었지만, 안을 들여다보면 부부 사이가 무척 안 좋았다. 이혼 직전까지 갔었지만, 어린아이들을 생각해서 마지막으로 한 번만 더 노력해 보자는 마음으로 코칭을 받으러 왔다.

남편 홍진수 씨와 아내 유미영 씨가 말했다.

"남편이 아니라 원수에요. 원수!"
"저도 마찬가집니다. 상사보다 아내가 더 끔찍해요!"

이들은 격앙된 목소리 말하며, 서로 얼굴을 붉혔다.

아내 유미영 씨가 먼저 남편에 대한 불만을 털어놓았다.

"가장이라면 기본적으로 해줘야 하는 것들이 있잖아요? 남편은 전혀 안 해줘요. 첫째를 임신했을 때부터 그랬어요. 친구들은 아이를 가졌을 때 남편이 자기를 업고 다니고 이것저것 다 맞춰준다고 하던데, 제 남편은 전혀 그렇지 않았어요. 내가 얼마나 힘든지 관심이 없었죠. 이야기를 듣는 둥 마는 둥 하고 청소나 빨래도 열 번에 한 번 정도 해 줬을까요? 회식 있다고 야근하고, 고객 만나느라고 늦게 들어오고, 주말에는 피곤하다고 잠만 자고……. 그때부터 '내가 왜 이런 사람하고 결혼했을까? 남편이라는 사람이 이래도 되는 건가?' 싶었어요.

지금도 달라진 게 전혀 없어요. 매일 술 먹고 늦게 들어오고, 주말이면 TV만 들여다보고 집안일은 뒷전이에요. 아니 집안일은 바라지도 않아요. 아빠니까 애들하고 좀 놀아주면 좋겠는데, 그것도 힘들대요. 그렇게 피곤하다는 사람이 친구들하고는 어딜 그렇게 잘 다니는지…….

요즘은 애들 이야기가 아니면 아예 대화가 없어요. 이야기를 좀 하려고 말을 붙이면 귀찮으니까 그만하자고 자리를 떠 버려요. 나는 그런 모습에 화를 내고, 그러면 남편은 또 아무것도 아닌 일로 화를 낸다고 저한테 짜증을 내요. 그런 남편을 보면서 저도 더 크게 화가 나고, 결국 싸움이 되는 거죠.

 성격이 똑같지는 않을 거라 생각했지만, 결혼하고 살다 보니 이건 달라도 너무 달라요. 내가 원하는 건 남편이 싫어하고, 남편이 원하는 건 또 내가 싫어하고, 그렇다고 둘 다 져주는 성격도 못되고……. 결혼하면 사랑받고 위안받으면서 살 줄 알았는데, 너무 섭섭하고 남편이 원망스러워요. 제 인생이 어떻게 하다가 이렇게 되었을까요."

 남편 홍진수 씨도 아내에 대한 불만이 많았다.

 "무슨 비교를 그렇게 하는지 모르겠어요. 친구들 남편은 어떻다던데 왜 당신은 안 해주느냐 비교하기 시작하면 정말 기분 나빠 미쳐 버릴 것 같아요. 내가 자기한테 아무리 잘해줘도 부족하게 느낀다니까요. 아이를 가졌을 때도 회사에서 막 자리 잡기 시작하던 때라 일일이 챙겨주지 못한 건 있었지만, 나름대로 최선을 다해서 태교를 돕고 아내에게 잘해줬어요. 그런데 아내는 그게 늘 부족했다고 지금까지 그 이야기를 해요.

 또 아내는 제가 하는 이야기마다 반대해요. '그게 아니야.', '왜 그렇게 생각해?', '당신이 잘못 생각하는 거야.', '싫어.' 등등 매번 제 말을 지적하고 반대한다니까요. 저를 인정해 주는 꼴을 못 봤어요. 아내가 남편 말에 좀 져주고 들어주면 어디 덧납니까? 무시를 당하는 게 생활이에요. 심지어 어떤 때는 애들도 나를 무시하는 것 같아요.

잔소리는 또 얼마나 많이 하는데요. '일찍 들어와라, 담배 끊어라, 술 먹지 마라.' 등 애도 아닌데 이래라저래라 잔소리하고 간섭하니까 숨이 막혀요. 알겠다고 제발 좀 그만하라고 해도 등 뒤를 쫓아다니면서 계속 바가지를 긁는다니까요. 잔소리 좀 그만하라고 하면, 언제 잔소리를 했느냐고, 당신이 잘하면 내가 이런 말 하겠냐고 더 크게 화를 내고 잔소리가 멈추질 않으니까 제가 말문을 닫는 수밖에 없어요. 그러면 말 안 한다고 또 잔소리하고, 참다 참다 폭발해서 제가 아내한테 화를 내면 싸움이 커지는 거예요.

남들은 아내의 내조 덕에 회사 일도 잘된다는데, 저는 집에 들어가는 것 자체가 스트레스에요. 아내가 차려주는 밥을 얻어먹은 게 언제인지 기억도 안 나요. 차라리 고객하고 술 먹고 늦게 들어가는 게 나아요. 애들 앞에서 싸우는 것도 못할 노릇인데, 계속 이러고 살 생각하면……."

이 부부의 서로 못마땅하고 불만스러운 이야기가 꼭 이들에게만 해당되는 것이 아니다. 평생 사랑하겠노라고 서약하며 결혼했지만, 사사건건 부딪치고 싸우고 미워하며 사는 부부들이 많다. 이혼하고 싶지만 애들 때문에, 남들 시선 때문에 참고 산다는 부부들도 허다하다. 그런데 아무리 사이가 나쁜 부부라도 속마음을 들여다보면 공통적으로 드러나는 것이 있다. 남편 또는 아내와 사랑하며 화목하고 행복하게 살고 싶다는 것이다. 이 부부 역시 마찬가지로 으르렁대며 불평하는 말을 쏟아냈지만, 그 이면에는 더이상 그렇게 살기 싫다는 바람, 행복하게 살고 싶다는 바람이 가득했다.

두 사람에게 물었다.
"어떻게 하면 두 사람의 사이가 좋아질 것 같아요?"

아내와 남편은 이구동성으로 '서로가 바뀌어야 한다.'라고 말했다. 내가 바뀌어도 상대방은 안 바뀔 거라며 상대를 탓하는 것이었다.

그런데 사이가 정말 좋아지려면 '우리 남편이 바뀌어야 해.', '우리 아내가 바뀌어야 해.'라는 생각부터 바뀌어야 한다. 먼저 자기 생각이 바뀌어야 한다는 말이다.

🍃 배우자가 자기 생각대로 움직여 주길 바라지 마라

결혼을 하면 아내는 남편이 어떻게 해주기를 바라고, 남편은 아내가 어떻게 해주기를 바란다. 이것은 결혼 이전부터 자기에게 형성되어 있던 부부 관계에 대한 규정이다. 부모님의 생활을 보거나 TV나 영화와 같은 미디어를 통해서 자기도 모르게 부부상을 구축하게 된 것이다.

가령 아내인 유미영 씨가 가지고 있는 '남편이라면 아내를 도와 집안일을 같이 해야 하고 아내를 사랑하고 위로해 주며 아내에게 맞춰 주어야 한다. 주말이면 아빠로서 아이들과 놀아 주어야 한다.'는 생각은 스스로 만든 남편과 가장의 역할에 대한 규정이다. 남편 홍진수 씨에게도 '아내는 남편의 말을 인정해 주어야 한다. 남편에게 잔소리를 하지 말아야 한다. 다른 사람과 비교하지 않고 남편을 존중해 주어야 한다.'와 같이 아내가 어떻게 해 주어야 한다는 규정이 있다.

이 외에도 생활 속에서 '남편은 이래야 해, 아내는 이래야 해.'라는 많은 규정을 찾아볼 수 있는데, 그것들이 자기가 만든 규정이라고 말하면, 이렇게 반문하는 사람들도 있다. "다른 부부들도 이 정도는 해 줍니다. 부부라면 그 정도는 당연한 거 아닙니까? 저뿐만 아니라 상식적으로 그런 거라니까요!" 그런데 이 또한 자기의 생각이다. 다른 사람들도 다 그렇게 생각할 거라는 자기의 믿음일 뿐이다.

부부가 이래야 한다는 규정을 고수하면 충돌이 일어난다. 자기 의도대로 남편이나 아내가 움직이고 반응해야 하는데, 그렇지 않으니까 화가 나고 섭섭해지는 것이다. 자기만의 규정을 포기하면, 부딪히는 일이 없다. 상대방이 자기 뜻에 맞춰주기를 바라는 게 아니라 내가 먼저 상대방의 뜻대로 움직이고, 상대방의 뜻을 성의껏 받아들여 주는 것이다.

🌿 아내는 여동생, 남편은 오빠다

부부가 서로에게 바라지 않는 가장 빠른 방법은 아내를 여동생으로 여기고, 남편을 오빠로 여기면서 자기 할 것만 해 주는 것이다. 오누이 관계에서는 서로 기대하지 않는다. 여동생은 오빠가 늦게 들어오건 말건 신경 쓰지 않고, 오빠가 자기를 잘 챙겨주지 않는다고 섭섭해하지도 않는다. 오빠는 여동생이 자기 말에 반대한다고 해서 심하게 화를 내지 않고, 잘해 준 것을 알아주지 않는다고 원망하지도 않는다. 여동생은 동생으로서 자기 할 것만 하고, 오빠는 동생에게 해 줄 수 있는 것을 기꺼이 해 줄 뿐이다.

부부 관계를 이러한 오누이 관계로 여기면 좀 더 쉽게 자기 할 것만 해 줄 수 있다. 본질적으로 말하자면 내가 상대방에게 해 줘야 할 것에 대해서만 신경 쓰고, 그다음에 상대방이 자기에게 어떻게 해 줄지는 신경 쓰지 않게 되는 것이다. 상대방이 내게 어떻게 해 줄 것은 기대하지 않고 포기하는 것만 지켜도 부부 관계에서 다툼은 현격히 줄어든다.

예를 들어 홍진수 씨는 아내가 잔소리를 제발 좀 안 했으면 하고 바라는데, 아내가 잔소리 그만하기를 바라지 않고 남편으로서 해 줄 수 있는 것, 가령 이야기를 진심으로 들어준다거나 아내의 마음을 헤아려주는 것만 하는 것이다. 마찬가지로 아내 홍미영 씨는 남편이 자기를 위해 주고 집안일을 도와주기를 바라는데, 남편이 자기 생각대로 되어주길 바라지 않고 아내로서 해 줄 수 있는 것, 예를 들어 밥을 차려준다거나 출근길에 상냥하게 인사하는 것만 하는 것이다.

내가 해 줄 것만 열심히 해 주면 일단 내 마음이 편해진다. 전에는 원하는 대로 해 주지 않아서 화가 났었는데, 원하는 것이 없어지니까 적어도 싸울 일은 없어진다. 처음에는 싸우지 않겠다는 의도를 가지고 상대방에게 순종하고, 그것이 때로 어색할 수 있지만 계속 하다보면 처음에 계산했던 의도가 사라지고 좋은 마음과 태도만 남는다. 집착 없이 더 크게 사랑하면서도 아내로서 또는 남편으로서의 역할에 충실하게 되는 것이다.

🌿 결혼생활은 완전한 존재끼리 조화로움을 누리는 것이다

안 좋은 부부 관계를 개선하려고 할 때 일반적으로는 '서로 이해해라. 서로 사랑해라. 먼저 양보해라.'는 식의 조언을 한다. 그런데 그것으로는 서로에게 쌓여있는 불만이 완전히 해소되지 않는다. 왜냐하면, 순간 이해한 것 같고 잠깐 사랑의 마음이 회복된 듯이 느껴져도 그 뿌리에 있는 이기심이 사라지지 않아 시간이 지나면 다시 같은 이유로 싸우고 불화를 겪게 되기 때문이다. 기대하는 마음, 나를 위해줘야 한다는 마음이 슬며시 다시 올라오는 것이다.

오래도록 행복한 부부 관계를 누리는 기초는 부부 관계를 육체적인 관계로 보는 것이 아니라 본질의 관계로 보는 것이다. 인간의 본질은 완전한 존재로서 사랑과 감사와 행복으로 구성되어 있다. 따라서 나와 남편, 나와 아내의 관계는 인간적 관계가 아니라 완전한 존재가 조화롭게 살아가는 관계이며, 이런 관계에서 본질적으로 부족한 것이란 없다. 사랑 자체이기 때문에 상대방에게서 사랑을 채울 필요가 없고, 행복 자체이기 때문에 상대방이 나를 행복하게 만들어 주기를 원하지도 않는다.

이런 입장을 받아들이게 되면 내가 상대방에 대해 부족함을 느끼는 것은 상대방의 본질을 보지 못하고 있는 것임을 알게 된다. 그뿐만 아니라 나의 본질이 완전한 조화와 사랑이라는 걸 모르고 지낸 것임을 자각하게 된다. 감각적으로 판단하기에 나약하고 불완전하고 문제가 많아 보일 수 있지만, 그런 모습들은 진짜가 아님을 인식하게 되면 불편한 자기 느낌을 본질에 대한 느낌으로 전환할 수 있다.

이러한 메시지를 중심으로 10여 차례에 걸쳐 코칭을 받으면서 두 사람의 생각에 많은 변화가 생겼다. 자기 생각을 주장하려는 경향성이 줄어들었고, 상대방에게 기대하는 것들을 포기하기 시작했다. 상대방에게 받기를 포기한다고 했지만, 사실 자기의 이기적인 마음이 충족되기를 포기한 것이었다. 그리고 자기가 할 것만 하며 사는 게 더 편하게 사는 방법이고, 나아가 이런 생활 속에서 부부간의 사심 없는 사랑, 더 큰 사랑을 깨달아 갔다. 아직 완전한 존재끼리 조화롭게 살아간다는 것이 100% 느껴지지 않는다고 했지만, 꾸준히 노력하면 그렇게 될 수 있다는 희망과 방향이 생겨서 기쁘다고 했다.

그 후에도 이 부부는 내가 주최하는 세미나에 꾸준히 참석하여 자기의 마음을 업그레이드하는 것에 집중했다.

그러던 어느 날 아내 유미영 씨가 세미나에서 이런 발표를 했다.
"저는 남편이 늘 저에게 잘못한다고 생각했고, 화만 내는 사람이라고 생각했어요. 그런데 그게 다 제 생각이었어요. 제가 만든 생각 때문에 저를 스스로 서글프게 만들었던 거죠. 그런데 남편은 정말 저한테 또 우리 가족한테 잘해 주고 있었어요. 바른말을 해 주면서 제가 현명해지게 이끌어 주고 있었고, 온 정성을 쏟아서 돌봐 주고 있었는데, 늘 제가 부족하게 봤던 거에요. 이걸 왜 몰랐는지. 하하, 남편한테 고마울 따름이에요."

발표 후 쉬는 시간에 남편은 이렇게 말했다. "저는 그대로인 것 같은데, 아내가 많이 변했어요. 잔소리도 안 하고 밥도 잘 해주고 말투도 상냥해졌다니까요. 제 말에 반대도 안 해요. 싸우는 일도 거의 없고, 싸워도 금방 풀게 돼요. 이게 얼마만의 평화인지. 저희 둘 다 발전한 거겠죠? 고맙습니다, 선생님."

부부관계에서 상대가 먼저 바뀌어야 한다는 생각을 주장하지 말고, '남편이 바뀌어야 해.', '아내가 바뀌어야 해.'라는 자기의 생각을 포기하자. 서로 완전한 존재로 바라보고 자기의 이기적인 생각을 감소시킬 때 비로소 변화가 시작된다. 그러니 상대방이 내 의도대로 움직여주길 기대하지 말고, 아내로서 남편으로서 해 줄 수 있는 것을 먼저 해 보자. 내 마음이 정말로 바뀌면 부부는 이미 조화로움을 누리는 관계였다는 사실을 깨닫게 될 것이다.

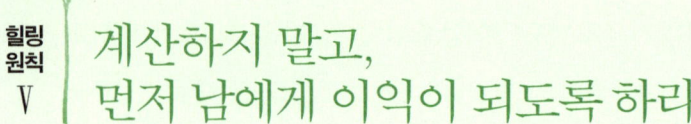

힐링 원칙 V | 계산하지 말고, 먼저 남에게 이익이 되도록 하라

- 직장에서의 대인관계나 업무 협력관계 또는 가정에서의 부부 관계 등에서 스스로 최선을 다했지만 결과가 만족스럽지 않은 경우가 있다. 열심히 노력했는데 자기가 기대한 만큼의 목표를 달성하지 못할 수도 있고 상대방과 관계가 개선되지 않을 수도 있다. 이럴 때는 상황이나 주변 사람들을 탓하지 말고, 그런 결과를 만들어 낸 자기의 생각을 살펴봐야 한다.

- 노력해도 되지 않은 것은 마음에 숨겨진 계산 때문이다. 계산은 상대방이 나의 의도대로 움직여 주기를 바라는 기대이며, 자기의 욕구부터 충족되길 바라는 이기적인 마음이다. 결과를 계산하면서 행위를 하면 오히려 안 좋은 결과가 나온다. 왜냐하면, 표면의식으로는 미래의 결과를 따지지만 자기 무의식은 결과를 따지기 전인 현재의 결핍된 마음상태를 인식하기 때문이다. 또한, 대인관계에서 자기 행동의 이득을 따지면서 상대방을 대하면 상대방은 무의식적으로 계산된 친절과 도움에 거부감을 느껴 진실하게 가까워지기는 어렵다.

- 어떤 관계라도 결과를 계산하지 말고 자기가 먼저 상대방의 뜻에 맞춰 주어야 한다. 내 의도대로 상대방이 말하고 움직이고 느끼기를 요구하는 것이 아니라, 내가 먼저 상대방의 생각을 이해하고 성의껏 들어주면서 도움이 되도록 하

는 것이다. 또한, 진심으로 상대를 위하는 마음으로 그냥 친절을 베풀고, 자기의 좋은 감정을 표현하는 것이다. 이때 내가 얼마나 잘해 주고 있는지, 또 상대방이 나를 어떻게 대하는지 확인하지 말고, 사심 없이 정말로 순수하게 대하는 것이 중요하다.

- 누구나 순수하게 다른 사람을 대할 수 있다. 자기 본질대로 대하면 된다. 나에게 갖춰져 있는 본질의 성분을 아낌없이 쓰기만 하면 된다. 그렇게 할 때, 자기 스스로 가장 편안하고 행복할 뿐만 아니라 대인관계도 저절로 좋아진다. 갈등이 해소되고, 업무 협력 관계에서는 원활하고 탁월하게 일이 진행된다. 리더는 자연스럽게 훌륭한 동기부여를 하여 업무 및 대인관계를 탁월하게 수행하게 된다. 원만하지 않던 부부 사이의 다툼도 줄어들고, 조화롭고 행복한 가정을 만들어 갈 수 있게 된다.

- 꾸준한 몰입을 통해 행위의 본질적인 뜻이 마음에 녹아내리면 계산하지 않아도 저절로 실천된다. 처음에는 의도적으로 하지만 시간이 지날수록 처음의 계산된 의도는 사라지고, 좋은 생각과 행위와 말이 무의식에 뿌리를 내리는 것이다. 끝까지 계산 없이 순수한 행위에 몰입하라. 순수의 파워는 저절로 현실에 드러난다.

마치면서

　이 책은 신병천 마스터코치님의 스피리추얼 코칭을 통해 불편한 마음과 괴로운 현실을 개선하고 치유하는 과정을 정리한 것입니다. 한 가지 사례에 3회에서 20여 회에 걸친 코칭의 전 과정을 담을 수 없었기에, 실제 주인공들에게 도움이 되었던 핵심적인 치유 원리와 통찰의 순간에 중점을 두었습니다. (등장인물의 이름은 가명을 사용했습니다.)

　개인에게 형성되어 있는 무의식은 각기 다르기 때문에, 똑같은 원리라도 내담자에 따라 달리 설명되기도 합니다. 또한 실제 코칭 현장에서 일어나는 코치와 내담자의 보이지 않는 마음의 교류는 언어로 표현하기 어려운 점도 있습니다. 그래서 책에 소개된 사례와 유사한 문제를 겪고 있어도 그 내용이 실감 나게 느껴지지 않을 수도 있습니다.

　그러나 한 사람 한 사람의 의식이 실제로 변화되면서 현실의 삶이 탁월해지는 변화의 포인트를 최대한 설명하려고 노력했기에 열린 마음으로 책을 보아 주셨으면 하는 마음입니다. 치유의 원리가 현실적인 문제 상황에서 어떻게 적용되었는지를 보면서 생활의 지침을 찾으신 분이 있을지도 모르겠습니다.

그렇다고 해도 여전히 궁금증이 생기거나, 자기 문제를 코칭을 통해 해결하고 싶은 분이라면 커뮤니온코칭센터로 연락을 주십시오. 전화나 홈페이지로 문의를 주시면, 실제적인 해결책을 찾아 드리겠습니다.

치유되어 즐거운 마음으로 보내주신 많은 분들의 글을 다 싣지 못한 점이 내내 아쉽지만, 소책자 '생각의 힘'에 조금씩 편집해 수록하겠습니다. '힐링'에 관심을 갖고 계신 독자님들의 조언을 부탁드리며, 다음에 나올 더 좋은 책으로 보답하겠습니다. 고맙습니다.

커뮤니온코칭센터 코디네이터 박자은

커뮤니온코칭센터

: 개요 :

커뮤니온코칭센터는 개인과 가족의 행복한 삶과 조직의 성공을 돕기 위해 설립된 스피리추얼 코칭(Spiritual Coaching)&힐링(Healing)전문기관입니다. 참된 자기와의 교감으로 즉각적이고 본질적인 변화를 이끌어내어, 지금까지 해결하지 못한 문제를 시원하게 풀어드립니다.

: 전문 코칭 분야 :

마음 치유	우울증 / 불면증 / 공황장애 / 스트레스 / 심한 불안 / 말더듬 / 틱장애 / 조울증 / 강박증
가정 문제	부부 관계 / 자녀 교육 / 가족 갈등
성격 및 악습	분노(화) / 알콜·도박 등의 각종 중독 / 상습폭력 / 과대망상
대인관계 개선	대인공포증 / 대인관계 역량강화
사업 성공	부유한 삶 / 잠재능력 발휘 / 영업 실적 향상
비즈니스 역량 강화	CEO 리더십 / 중간 관리자 리더십 / 업무성과 극대화
청소년/수험생	성적향상 / 정서안정 / 비전설정 / 자신감 강화 / 청소년 리더십
스포츠선수	슬럼프 탈출 / 경기 불안감 해소 / 부상 예방 / 연봉 조율
연예인/배우	자살충동 / 감정노동스트레스 / 불안정한 미래

: 코칭 스쿨 :

• 스포츠단 멘탈 코치 육성 과정

- 커뮤니온코치양성 기본/ 심화/ 고급 과정
- 코칭 리더십 과정
- 조직, 그룹, 팀 코칭 과정

: 함께 한 곳 :

프로야구단 SK와이번스 멘탈코치육성과정, 프로농구단 SK나이츠 승리의 전사 코칭과정, LG인화원, MBC, 한국타이어, 아모레퍼시픽, 이수화학, 법무연수원, 한국상담심리교육개발원, 재기(再起)중소기업경영원, 영일프레시젼, 한국가스트론, MBC 외 다수

: 코칭 후기 :

어디에서도 누구에게도 듣지 못한 이야기를 듣는 순간, 전기로 감전된 것처럼 온몸에 소름이 돋았습니다. 코칭을 받을 때마다 사람들과의 갈등, 잊어버리고 싶은 과거, 미래에 대한 불안이 한 겹 한 겹 벗겨져 나가는 것을 느낍니다.
― 사업가 L님

500~600권 정도의 책을 읽고 많은 자기계발 세미나에 참여했지만 뭔가 2% 부족했어요. 그러다가 마스터코치님의 Success TV 강의를 본 후 직접 찾아뵈었죠. 코칭을 받으면서 그 동안 부족하다고 느낀 2%가 무엇인지 알았어요. 인생의 답을 찾은 거예요.
― 세일즈맨 Y님

: 문의 :

전화 | 02-722-9190   홈페이지 | http://www.cccenter.co.kr

스피릿 컨설팅(주)

: 회사소개 :

2013년 1월, '(주)컨설팅그룹 에너자이저'가 상호를 '스피릿 컨설팅(주)'로 변경하였습니다. 스피릿 컨설팅(주)은 2005년부터 기업체, 공공기관, 학교를 대상으로 인간의 의식을 계발하여 정신역량을 강화하는 교육을 해왔습니다. 그리고 이제는 HRD컨설팅과 다양한 집합교육 중심의 교육에서 진일보하여, 근원적인 문제해결과 완전한 변화를 이끌어내는 HSD(Human Spirit Development : 인간영성개발) 컨설팅 전문기업으로 전환하였습니다. 스피릿 컨설팅(주)은 인간 내면의 깊은 영성을 개발하여 생활현장에서의 즐거움과 성취의 기쁨을 누리도록 돕는 프로그램의 개발과 교육활동에 전력을 다하고 있습니다.

: 컨설팅 분야 :

- 갈등해결과 스트레스 제거, 명상과 힐링
- 소통과 커뮤니케이션, 협력적 조직문화 만들기
- 탁월한 정신역량 계발 & 의식혁신
- 스피리추얼 리더십 & 팔로워십, 후배코칭과 멘토링
- 학부모 리더십과 자녀코칭
- 청소년의 자기계발과 셀프리더십

: 주요프로그램 :

힐링: 마인드 혁신	상처받은 마음 치유, 용서와 감사, 건강과 열정의 회복
클릭! 무한능력	조직 활성화, 팀 빌딩, 스피리추얼 셀프 리더십
리셋! 마인드 업	신입사원, 직급별 승진자 과정, 긍정적인 마인드로 의식전환
Self Energizing	무의식의 정화를 통한 스트레스 해소와 우울증 치료
행복한 일터 만들기	신바람 나는 조직 문화 만들기, 애사심 향상
통달! 대인관계	대인역량 강화, 조화로운 대인관계 및 원활한 소통
Innovation Spirit	개인과 조직의 변화와 혁신을 구현하는 혁신 실천가 육성
슬램덩크	청소년의 자신감 향상과 동기부여를 위한 비전스쿨
에너자이저의 빛	크레듀, 삼성SDS e-campus 온라인 프로그램
NLP	NLP리더십/ NLP커뮤니케이션

: 교육업체 :

삼성전자, 현대자동차, 포스코, 대우조선해양, 두산엔진, 한국남동발전, LIG넥스원, KORAIL, SKT, 한국GM, LG인화원, LG전자, LG화학, LG Display, GS칼텍스, 한국전력, KT, 삼성SDS, 국민은행, 신한은행, 삼성생명, 교보생명, 신용보증기금, MBC, EBS, 중앙일보, SK와이번스, 서울시교육청, 서울대병원, 건국대병원, 숙명여대, 한영외고, 국회, 법무부, 환경부, 지경부, 교과부, 중앙공무원교육원, 경기도인재개발원, 한국국제협력단, 베트남, 몽골, 튀니지정부 등

: 교육 컨설팅 및 특강 문의 :

전화 | 02-557-8680   홈페이지 | http://www.spirit.co.kr

힐링

코칭 신병천 | 엮음 박자은

1판 1쇄 발행일 | 2012년 7월 15일
1판 3쇄 발행일 | 2013년 3월 25일
발행인 | 이영남
디자인 | 엔드디자인
용지 | 상삼페이퍼
인쇄 | 예림인쇄
제본 | 바다제책
발행처 | 스마트인
출판등록 | 2012년 06월 01일(제313-2012-192호)
주소 | 서울시 마포구 성산동 648-8 그린오피스텔 501호
전자우편 | 01msn@naver.com
전화 | 070-4253-4935
팩스 | 02-2699-4935

ⓒ신병천, 2012
ISBN 978-89-97943-00-5 13100

※ 이 도서의 국립중앙도서관 출판도서목록(CIP)은 e-CIP 홈페이지(http://www.nl.go.kr/cip.php)에서 이용하실 수 있습니다.(CIP제어번호:CIP2012003057)
※ 이 책은 저작권법에 따라 보호받는 저작물이므로, 저작자와 출판사 양측의 허락 없이는 이 책의 일부 혹은 전체를 인용하거나 옮겨 실을 수 없습니다.